ATON et Jean-Luc RIVA

SE PRÉPARER AU PIRE !

Albin Michel

Les dessins pages 195-198 et page 224 ont été réalisés par Alain Boyer.

« La violence commence
où la parole s'arrête. »

Marek Halter

Sommaire

PARTIE II

CE QUE NOUS DEVONS AFFRONTER ENSEMBLE

PARTIE III

CE QUI VA VOUS AIDER

Pour en savoir plus sur…

Avant-propos

Rappelez-vous, le 13 novembre 2015, jour des attentats, dont celui du Bataclan : au total 413 blessés et 130 morts. La France n'a jamais connu un tel drame.

Sachez qu'en février de cette même année 2015, Aton a été chargé de faire une conférence à l'intention des gérants de salles de spectacle parisiennes pour les mettre en garde au sujet d'attaques contre des lieux festifs que des renseignements donnent comme prévisibles.

Il accompagne son discours d'une série de recommandations : décisions à prendre afin de rendre difficile l'accès à ces salles, ainsi que diverses mesures à adopter pour en faciliter l'évacuation. Que croyez-vous qu'il se soit passé ?

Un éclat de rire général a retenti et bon nombre de responsables ont quitté la conférence avant la fin, certains traitant Aton de parano. En janvier 2016, soit deux mois après les attentats de novembre, tous ont insisté pour que cette conférence se tienne à nouveau.

Voilà pourquoi nous avons écrit ce livre.

Une dernière chose : si vous ne la connaissez pas, apprenez la loi de Murphy : « Si le pire est susceptible d'arriver, il arrivera ! »

INTRODUCTION

Au centre d'un monde hostile

Jusqu'où êtes-vous prêt à aller ? Là est la question ! Face à la violence quelle qu'elle soit, que sommes-nous capables de supporter ? Il fut un temps où la violence, il fallait aller la chercher. Elle ne concernait que quelques endroits de la ville, bars ou boîtes de nuit. Aujourd'hui, c'est elle qui vient à nous. Elle est partout, jusque dans les quartiers les plus chics, les plus touristiques et que l'on dit préservés.

Dans nos cités, les caïds de la drogue règnent en maîtres. Les résidents se voient obligés de montrer patte blanche pour regagner chaque soir leur domicile après la journée de travail. Comment faut-il réagir ?

Nous sommes, dit-on, un pays capable de surmonter tous les périls. Sérieusement ? N'avons-nous pas, chaque jour, l'étrange impression de marcher sur un fil et de risquer la chute à tout instant ?

La guerre frappe à notre porte et nous ne sommes pas préparés. La pandémie vient de révéler nos faiblesses en matière sanitaire et d'organisation. Nos dirigeants politiques, tous bords confondus, faute d'avoir su anticiper ces événements funestes, nous affligent de discours contradictoires.

Aujourd'hui, la confiance envers les institutions et ceux qui les représentent est rompue. La radicalité et son corollaire, la violence, sont devenus un moyen d'expression qui s'est installé au cœur de l'Hexagone dans une sorte d'indifférence générale.

Les exemples d'impunité donnent un sentiment de puissance à de nombreux jeunes. Les valeurs s'estompent, peu à peu remplacées par une avidité sans limites et un individualisme forcené. Ceux qui s'en étonnent oublient que l'empathie, l'indulgence et l'intelligence ne sont pas innées chez les humains mais s'apprennent et se cultivent.

Cet ouvrage est sans complaisance. Nous n'affrontons pas tous les mêmes difficultés au quotidien et nous ne vivons pas dans une société égalitaire. C'est la raison pour laquelle nous allons vous confronter à des situations diverses ayant toutes un rapport avec la violence. Vous allez découvrir en vous-même des ressources insoupçonnées.

Nous évitons aussi de vous brosser dans le sens du poil : nous ne sommes pas vos compagnons de route et ne détenons pas la panacée capable de vous aider à évoluer dans un monde devenu sauvage. Vous découvrirez dans la première partie les menaces auxquelles vous pouvez être amené à faire face. Nous y avons intégré le cadre juridique indispensable et qui, parfois, est en contradiction avec la morale. Dans la partie II, il n'y a ni lois ni morale, sauf, pour cette dernière, si vous en décidez autrement.

Ce que nous vous proposons, c'est la somme de nos expériences, les nôtres et celles des femmes et des hommes d'exception que nous avons côtoyés dans des circonstances difficiles. Enfin, dans ce livre qui se veut destiné à tous, chacune et chacun d'entre vous trouvera, nous l'espérons, des réponses pour se préparer au pire s'il doit survenir.

PARTIE I

CE QUI PEUT VOUS ARRIVER

1

Les violences faites aux femmes

Une vague impression d'avoir tout essayé mais de se sentir toujours aussi seule. Chloé en a sa claque des plans cul. Le sexe, elle aime bien, *mais j'ai besoin d'établir une relation sérieuse.* Sur les conseils de ses copines de boulot, elle vient de s'inscrire sur Tinder. La rencontre en ligne, c'est nouveau pour elle.

Sur internet, les avis de satisfaction s'accumulent et l'utilisation est plutôt sympa. On peut géolocaliser les Tinderboys qui gravitent dans la région, on swipe (« glisse ») à droite pour liker un profil et on swipe à gauche pour le dégager. Et là c'est le Graal, si deux personnes likent réciproquement, un « match » est créé. Ils sont alors mis en contact et peuvent discuter *via* la messagerie privée.

Et cela fait plus d'une dizaine de jours qu'elle échange avec Julien, un jeune ingénieur parisien. Bon, elle a bien un peu gonflé son CV, Chloé, mais juste sur la partie pro, propulsant son statut d'assistante de direction à celui de responsable marketing, plus valorisant, mais pour le physique, c'est nature ! C'est décidé, ce week-end, elle va enfin rencontrer Julien à qui elle vient d'envoyer un message.

Son Tinderboy est d'un bon niveau, cet homme-là ne recherche pas le coup d'un soir.

Elle donne dans le sobre côté tenue. Il est préférable de susciter la curiosité plutôt que de tout montrer, s'est-elle dit. Talons de cinq centimètres, jupe courte mais sans excès, et chemisier déboutonné – attention, deux boutons, pas plus ! Une petite veste sympa, et c'est parti !

En se dirigeant vers son rendez-vous, elle repense à ses dernières rencontres. Souvent dans un piano-bar, un lieu où l'on prend le temps de discuter et de se connaître un peu. Pour le reste, elle a dû dire non à des collègues de travail à la drague lourde.

Place de la Bastille, c'est là ! Elle entre dans la brasserie, ses yeux fouillent les tables, une main qui s'agite discrètement, Julien ! Il est top conforme. Très vite, la réalité dépasse ses espérances. Il est charmeur, intelligent, il a de la repartie, et beau avec ça. Elle accepte, bien sûr, qu'il la raccompagne, mais il ne se passera rien, se promet-elle. Ce serait idiot de précipiter les choses. Tout viendra en temps voulu…

Julien vient de garer sa voiture près de l'immeuble où habite Chloé. Elle lui souffle :

– J'ai passé une super soirée, vraiment ! Si tu es d'accord, on se revoit très vite.

– On peut prendre un verre chez toi ?

– Non, c'est un peu tôt, on se connaît à peine.

Soudain, elle sent sa main se poser sur son genou.

– Sois patient, crois-moi… On ne va pas commencer cette histoire par un plan cul !

La main continue sa remontée. Chloé se cabre. Elle la repousse. Surpris, Julien se braque. Il saisit la main de la jeune femme et la pose sur son sexe en érection. C'est un autre Julien.

– Mais tu n'as fait que m'allumer toute la soirée ! Tu ne peux pas me laisser comme ça !

– Julien, stop ! Je viens de te fixer la limite, c'est non !

– Arrête tes manières, je vois bien que tu en as autant envie que moi.

– Tu vois ce que tu veux, bonsoir !

Mais Julien déclenche brusquement le verrouillage automatique des portières.

– Pour sortir, tu suces !

Frustré, il a changé brusquement de ton et de vocabulaire, avec au passage quelques insultes et des mots orduriers. À présent, Chloé sent que le comportement de cet individu peut la mettre en grave danger.

Comment aurait-elle pu éviter de se retrouver dans une telle situation ?

Comment passer de la rencontre virtuelle à la rencontre physique

N'ayez aucune illusion, peu de princes charmants hantent les sites gratuits. Ils sont nombreux à être là dans l'espoir du coup d'un soir. Eux ont adopté la devise de l'Olympique de Marseille : *Droit au but !* Pour eux, il existe pourtant une multitude de plateformes libertines susceptibles de satisfaire les goûts de chacun.

Un principe de base : fuyez les sites gratuits. Le fait de payer est un repoussoir pour les dragueurs invétérés. Cela, bien sûr, n'assure pas leur élimination totale, mais c'est une première sélection.

Nous sommes ici avec une jeune femme dont l'objectif

premier est de nouer une relation sérieuse. Mais, en y réfléchissant bien, les conseils qui vont suivre peuvent s'appliquer à tous les types de rencontres avec un inconnu.

Vous allez passer un peu de temps à soigner votre tenue et votre aspect physique pour ce rendez-vous, et c'est bien normal. Il s'agit de faire bonne impression ; au fond, c'est comme si vous alliez à un entretien d'embauche. Ce temps passé à bichonner le côté esthétique de votre personne, augmentez-le d'une quinzaine de minutes à préparer l'aspect « tactique » de la rencontre.

Après tout, ce n'est là qu'affaire de bon sens. À ce sujet, mesdames, vous avez un avantage certain. Le sixième sens féminin existe, vous pouvez, mieux que les hommes, détecter chez l'autre une position d'« usurpateur ».

– Il est ainsi prudent, avant tout rendez-vous, d'« évaluer » votre futur partenaire en communiquant avec lui afin d'éliminer les professionnels de la drague qui rôdent sur ces réseaux. Des hommes mariés ou en couple sont en chasse sur ces sites. Difficile pour eux de répondre à vos messages le soir ou le week-end, jamais d'appel de vive voix ou alors en journée, jamais disponible pour sortir en public mais seulement en catimini pour un rendez-vous coquin. Ils vous diront qu'ils travaillent beaucoup ou qu'ils sont agents secrets ?... Soyez lucides !

D'autres, des Casanova au rabais, sont prêts à tout pour obtenir une relation sexuelle, ils cumulent les *dates*, mais du coup, ils se comportent comme de vrais grippe-sous ! Ils refusent de payer le restau et l'hôtel et vous proposent de débarquer chez vous dès le premier soir, les mains vides !

– Faites un lien entre le niveau intellectuel annoncé et les fautes d'orthographe ou de syntaxe. Dans les conversations, vous échangerez sur vos centres d'intérêt respectifs, vérifiez en posant quelques questions précises qu'il ne se contente pas de vous balancer uniquement des pages de Wikipédia.

– Assurez-vous que la photo que vous voyez est bien celle de l'homme avec lequel vous tchatez. Afin d'éviter une déception quant au physique, exigez qu'il vous adresse une image sur laquelle vous lui aurez demandé de faire un signe spécial, par exemple le chiffre 3 avec la main, ou qu'il vous envoie une vidéo dans laquelle il prononcera votre prénom, ou encore mieux, un appel en visio. Prétextez pour cela que vos dernières rencontres se sont soldées par des déconvenues, nombre de Quasimodo s'étant transformés en Superman sur les réseaux sociaux !

– Ne partez pas sans avoir prévenu une amie. Donnez-lui quelques infos sur l'individu que vous allez voir : adresse et heure du rendez-vous, sa photo, sa fiche avec son pseudo (ses nom et prénom, si vous les connaissez).

– Sur votre téléphone, prévoyez un raccourci pour les numéros d'urgence.

– Préparez trois SMS pré-écrits pour votre personne de confiance.

Le premier, « Bien arrivée », signifiera que vous êtes en présence de votre contact. Si vous ajoutez « Je ne le sens pas », cela aura pour effet de la mettre en alerte.

Le deuxième SMS est à expédier si tout se passe bien, mais que le temps s'éternise : « TVB[1], je te dis quand je rentre. » Un dernier message la rassurera lorsque vous serez de nouveau chez vous.

Si votre interlocuteur tente de vous dissuader de les

1. TVB : tout va bien, TKL : tranquille, TKT : t'inquiète (ne t'inquiète pas), MNT : maintenant.

envoyer, rompez le contact sans attendre. Pour cela, adressez un code prévu à l'avance à votre amie : « 11 » par exemple. Elle saura qu'elle doit vous appeler pour vous demander de la rejoindre au plus vite sous un faux prétexte (j'ai perdu mes clés, je suis aux urgences, etc.). En cas de non-réponse de votre part, elle alerte le 17 (Police) immédiatement.

– Bien sûr, vous aurez choisi pour votre premier rendez-vous un endroit très fréquenté : bar, restaurant, lieu public.

Certaines applications vous permettent de correspondre sans donner votre numéro de téléphone, il se peut alors que, pendant la rencontre, votre interlocuteur vous le réclame afin de ne pas perdre le contact, à l'image de ce que font certains lourdingues dans la rue. Donnez-le-lui, car il est fort possible qu'il le compose devant vous pour vérifier. S'il s'avère que celui-ci n'est pas le bon, les choses peuvent mal tourner. Des femmes ont été insultées, voire frappées par un homme qu'un faux numéro avait rendu violent. S'il vous harcèle ensuite par SMS ou autres, vous pourrez toujours le bloquer.

– Votre individu procède à des attouchements sexuels. Si votre réaction est de le gifler, soit il peut s'excuser (cas rarissime), soit la bagarre éclate. Si à l'inverse vous lui souriez en lui expliquant d'un air gêné que ce n'est pas possible en ce moment, il est fort probable qu'il vous réponde que les règles ne le dérangent pas. Dites-lui qu'il ne s'agit pas de cela, parlez-lui d'herpès, de mycose ou autres.

La situation dégénère brutalement

Vous avez quitté le lieu fréquenté, car un climat de confiance s'est installé. Mais brusquement, la rencontre dérape. L'homme se fait insistant et ses gestes et son vocabulaire ne laissent planer aucun doute sur ses intentions. En fonction de l'endroit où vous vous trouvez, crier risque de ne servir à rien. Il s'agit, pour vous, d'éviter que la situation ne dégénère davantage. Si vous refusez d'avoir une relation sexuelle avec lui, votre harceleur peut devenir encore plus violent. Il s'oppose à ce que vous descendiez du véhicule et que vous partiez. C'est l'ultime alerte.

Dans notre recherche de témoignages pour étayer ce livre, une femme nous a rapporté une expérience effroyable. Avec son accord, nous vous la partageons :

> *Le plus important pour moi était d'éviter la pénétration. Un silence pesant régnait et je sentais sa volonté d'abuser de moi. J'ai pris une grande inspiration et je lui ai parlé afin de capter son attention pour faire diversion. Malgré un apaisement, dû probablement à mon calme apparent, je sentais qu'il n'en avait pas fini avec moi. J'ai décidé de prendre le contrôle de la situation en lui proposant de le masturber. Surprise mais soulagée : il a accepté. Ce fut horrible et je m'en souviendrais probablement à vie. Une fois terminé, il s'est empressé de partir et je suis allée déposer plainte. Je pense, aujourd'hui, que mon initiative m'a évité le pire.*

Le fait de parler à son agresseur peut exercer une influence sur ses actions. On peut espérer un effet miroir de votre attitude à maîtriser le stress, car l'agresseur l'est sans doute aussi. Vos réactions lui montreront que vous n'êtes pas une « chose », mais que vous êtes humaine.

« Le viol désigne toute pénétration sexuelle non consentie, qu'elle soit vaginale, anale (sodomie), orale (fellation), ou par la main ou des objets » (art. 222-23 du Code pénal).
« Le viol est puni de 15 ans de réclusion criminelle. La peine peut être plus lourde en cas de circonstances aggravantes » (art. 222-24 à 222-26 du Code pénal).

Le rendez-vous qui se termine mal

Revenons à Julien et Chloé à leur sortie du restaurant.

Julien est un manipulateur émérite doté d'un grand pouvoir de persuasion. C'est inné chez lui. Adolescent déjà, son esprit calculateur arrivait, à force d'obstination, à retourner le « non » maternel en un « oui » de lassitude. Avec habileté, il a su gagner la confiance de Chloé qui a fini par accepter qu'il monte prendre un verre dans son appartement.

Il retient discrètement le code d'entrée de l'immeuble qu'elle vient de taper. *Juste comme ça… au cas où.* Dominante de couleurs claires avec quelques touches de terracotta, le studio de la jeune femme est « cosy ». Le soin qu'elle a mis dans la décoration le rend en effet chaleureux et confortable. Et c'est bien là-dessus que va s'appuyer Julien pour prendre l'ascendant. Après quelques minutes de réflexion, il commence une entreprise de démolition sur les goûts de Chloé. D'abord prononcée sur le ton de l'humour, sa critique devient acerbe, cruelle. Elle y est sensible, car ses observations ne sont pas dénuées de fondement. C'est tout l'art des pervers narcissiques de vous placer en état d'infériorité.

Lorsqu'elle lui propose une infusion ou un café, c'est avec un rire méprisant qu'il lui demande une vodka ou un whisky. Et il ne veut pas boire seul !

– Notre rencontre se doit d'être célébrée !

– Avec du Coca, alors !

– À la limite…

Son comportement va osciller entre celui d'un gentleman courtois et celui d'une sorte d'enfant gâté à qui tout est dû. C'est à ce moment qu'il faut savoir dire non. Et cela s'apprend ! Ce type d'homme est une machine difficile à arrêter qui va peu à peu réduire votre marge de manœuvre jusqu'à vous mener dans un cul-de-sac qui a pour nom la soumission. Mais la rencontre peut prendre un autre tour, non moins sinistre.

– Pas terrible ton whisky, Chloé ! Heureusement qu'il y a le Coca. Dis-moi, tu serais sympa si tu nous apportais des glaçons… parce que, en plus, il est tiède !

C'est au moment où elle disparaît dans la cuisine qu'il glisse un comprimé de GHB dans son verre. Oh, il aurait largement pu le faire avant, au bar par exemple, mais le risque était trop grand. Voisins de table, caméras, on n'est jamais sûr de rien dans ce genre d'endroits. Chez elle, il la joue tranquille, d'ailleurs, la voilà qui revient.

– Allez, on trinque ! dit-il joyeux.

Chloé sent l'inquiétude qui commence à la ronger. Elle le voit s'installer, prendre possession de l'espace, de son espace à elle, à mesure que se réduit sa capacité à s'opposer fermement à Julien. Mais la drogue, le GHB, lui enlève peu à peu toute forme de vigilance. L'autre est patient, pensez donc, il n'en est pas à son coup d'essai !

C'est lorsqu'elle entre dans un état de quasi-somnolence qu'il passe à l'action. Il la soulève, la tire jusqu'au lit et la déshabille. Il manipule avec dextérité les membres inertes de Chloé, s'amuse quelques instants avec son corps et enfin la viole.

On les a vus sortir de la brasserie en riant, complices, ils ont même marché un moment bras dessus bras dessous, qui peut dire que Chloé n'était pas consentante ? Elle porte plainte ? Julien soutiendra qu'il est bien vrai qu'il est monté chez elle et qu'ils ont couché ensemble.

– À aucun moment je ne l'ai forcée, elle en avait envie autant que moi !

Le policier qui va recueillir la déclaration de Chloé lui demandera si elle a des témoignages, des traces de lutte, des coups… Elle répondra qu'elle pense avoir été droguée.

– Vous pensez, mademoiselle ?

Mais comment mettre en évidence la présence dans le sang et dans les urines de la drogue du violeur dont les indices s'effacent au bout de douze heures ? Et puis, il y a l'entourage, les amis, la famille, dont beaucoup sont prompts à juger sans savoir, qui lui balanceront :

– Mais pourquoi t'invites des inconnus chez toi !

Elle essaiera de comprendre et finira par appeler Julien qui lui dira :

– Mais enfin rappelle-toi, tu m'as sauté dessus ! Tu m'as emmené dans ton lit, direct !

Pour lui, l'histoire s'arrête là. Pour Chloé, elle continue. Déprime puis dépression, plongée dans un puits sans fond dont elle ne sortira qu'accompagnée par un spécialiste.

Face à un homme insistant

Vous pensez pouvoir détecter ce genre de pervers très rapidement ? Ce type d'homme est un vampire qui se nourrit de la détresse des autres en les plaçant sous sa domination. Il est difficile de déterminer à l'avance de quoi il est capable pour parvenir à ses fins. Où a-t-il fixé la limite ?

Vous trouverez sur internet des conseils pour leur faire face mais, à notre avis, il n'y en a qu'un seul à appliquer : apprenez à dire non ! Et ce « non » doit être prononcé dès que vous vous êtes rendu compte que vous êtes en présence d'un tel spécimen. Dès les premiers instants où il va vouloir vous imposer ses choix sans admettre votre refus, fuyez ! Plus vous tarderez et plus ce sera difficile. Il est d'ailleurs quasi impossible de rééduquer un pervers narcissique. Bon courage, si vous vous attelez à cette tâche !

En tout cas, vous ne composerez jamais le code d'accès à votre immeuble devant un inconnu. Ne cédez jamais à la tentation lorsque quelqu'un sonne, un livreur par exemple, de le lui donner par flemme de descendre ouvrir. Ne laissez jamais une personne extérieure à la résidence vous emboîter le pas lorsque vous y pénétrez.

Soyez vigilante sur votre consommation d'alcool lorsque vous faites connaissance avec un homme. Vous risquez de vous mettre dans une situation de dépendance dont il pourrait profiter si telle est son intention.

Votre verre, vous surveillerez ! Si vous devez vous absenter un moment, buvez-le ou videz-le. Même si c'est un mojito à 20 euros !

Vous êtes chez vous, face à un individu que vous estimez pouvoir être violent et vous n'êtes pas consentante ?

Laissez-lui croire qu'il va obtenir ce qu'il veut. Il va se déshabiller et c'est au moment où il aura le pantalon aux chevilles que vous fuirez. Si vous le pouvez, enfermez-le dans l'appartement. Appelez le 17 ou si vous n'avez pas votre portable sur vous, hurlez pour alerter les voisins. Ne faites pas l'erreur d'aller vous barricader dans la salle de bain, un simple coup d'épaule aura raison de la porte.

Si vous percevez une présence chimique dans votre corps qui n'a rien à voir avec celle de l'alcool, que vous avez eu une perte de conscience sur une durée donnée, il y a de fortes présomptions que vous ayez subi un viol par GHB. Faites-vous examiner au plus vite. Pour le violeur, la peine s'aggrave (viol par ruse sur personne vulnérable).

Il est très compliqué de déposer plainte après avoir été victime d'un viol ou d'un harcèlement sexuel violent. Dans les gendarmeries et les commissariats, des femmes et des hommes ont appris à la recueillir. Si vous estimez que l'on ne vous prête pas suffisamment d'attention, adressez-vous au procureur de la République.

Il vous faudra ensuite penser à votre réparation mentale. Il y a des préjudices qui ne s'effacent jamais. Parfois on se croit assez fort pour les surmonter, mais c'est rarement le cas. Consulter un psychologue vous aidera à retrouver un début de sérénité.

Porter assistance à une femme menacée de viol, qu'en pense la loi ?

Il était 22 h 30 ce mercredi-là quand une femme de 29 ans entre dans une station de métro située au sud de Lille afin de regagner son domicile, à Tourcoing. Abdelnour B., un Marocain de 19 ans, la repère.

Le jeune homme ne lâche pas sa proie. « J'ai crié à l'aide, j'ai demandé du secours ! » Mais les autres passagers, qui attendent eux aussi le métro, ne disent rien. « Je me suis mise près d'un homme, il n'a rien voulu savoir. Il ne m'a pas aidée. » L'agresseur suit sa victime dans la rame. Les autres voyageurs préfèrent, eux, entrer dans la voiture suivante.

La jeune femme prend la fuite à la station suivante, mais ne parvient pas à semer son agresseur, qui la suit dans la rue. Elle décide d'arrêter des voitures à contresens. Trois véhicules poursuivent leur chemin. Le quatrième, conduit par un jeune homme de 18 ans, s'arrête. Une bagarre s'ensuit entre le conducteur et l'agresseur, qui parvient à sortir la jeune femme de la voiture. Les agents de sécurité du métro interviennent alors et arrêtent l'homme. L'agression aura duré près de trente minutes.

L'affaire a été jugée jeudi après-midi par le tribunal de Lille. Le jeune Marocain a été condamné à 18 mois de prison ferme avec mandat de dépôt, assorti d'une interdiction de séjour en France durant deux ans et une inscription au fichier des délinquants sexuels. L'homme avait deux mentions sur son casier judiciaire, dont une pour faits de violence.

Lors des réquisitions, le procureur a fustigé l'attitude des autres voyageurs. « En tant que représentant du ministère public, je suis inquiet de ce visage d'une société où on est capable de prendre une autre rame en laissant seule une femme face à son agresseur. Il est là, l'effroi aujourd'hui… Se dire que dans notre société, on ne pourra pas compter sur la collectivité. »

Le procureur a demandé aux policiers de mener une enquête distincte pour déterminer si les autres passagers, qui n'ont pas appelé les secours, peuvent être poursuivis pour non-assistance à personne en danger.
Le Figaro, *25 avril 2014.*

Le croirez-vous ? Aucun des témoins de cette scène n'a été condamné ! L'obligation de porter secours à une personne agressée est laissée à l'appréciation des juges.

Le violeur-tueur

Marie est une femme active de trente-six ans, commerciale dans une start-up prometteuse. Femme moderne, elle a à cœur d'entretenir son apparence et immanquablement, ça passe par la case sport ! Mariée à un homme trop absent et maman d'un petit garçon de huit ans, elle n'a que peu de temps pour les loisirs. Elle jongle donc, comme elle le peut, avec un planning chargé qui ne lui permet pas de fréquenter une salle de sport. Aussi, Marie a opté pour la course à pied, qu'elle pratique dans un petit parc boisé à deux pas de chez elle.

Elle court donc trois fois par semaine, en empruntant toujours le même chemin. Par goût du challenge, elle utilise une application qui enregistre ses performances et où elle a tous ses repères. Elles sont nombreuses à se retrouver sur cette application, cette « compétition » virtuelle ayant pour effet de les booster. C'est donc le portable à l'épaule et les écouteurs Bluetooth sur les oreilles qu'elle galope.

L'automne approche et les jours commencent à raccourcir… Mais il en faut bien plus pour décourager cette mère de famille qui veut rester en forme. C'est son moment à elle. Celui où l'effort, et parfois la douleur, la fait se sentir vivante. Seule dans le bois, elle court…

Les kilomètres s'enchaînent et la nuit tombe. Marie ne voit pas et n'entend pas l'ombre qui la suit. Son cardiofréquencemètre lui indique 160 pulsations à la minute, elle tape dans le rouge ! Voilà d'où vient ce souffle court ! Le rythme de la techno dont le son sature ses oreilles l'a entraînée à battre son record. Elle n'en peut plus, mais elle arbore le sourire de l'autosatisfaction.

L'ombre est massive et se déplace moins vite que Marie. Mais il sait que bientôt il y aura, comme d'habitude, un changement de cadence, une sorte de retour au calme. La jeune femme, qui a ralenti, essaie de caler sa course sur le tempo de la musique qui couvre le bruit de ses foulées sur le chemin. Elle ignore qu'il n'y en aura plus beaucoup d'autres.

Elle est devant lui, à sa portée. Il peut la sentir et presque la toucher. Le prédateur est expérimenté, sa dernière proie avait lutté, mais en vain… Il la regarde, la contemple. Son excitation sexuelle qui va crescendo a fait monter ses pulsations cardiaques à un tel rythme qu'il a l'impression que son cœur va exploser. Plus rien ne compte que la silhouette qu'il a devant lui. Rien ne saurait le détourner de son but. Il est hors de contrôle.

Une accélération puis il écarte ses bras puissants et vient enlacer la jeune maman. Sans pouvoir expliquer ce qui lui arrive, Marie se sent soulevée de terre. Une force inconnue qui lui broie le haut du corps l'entraîne dans le bois. Elle crie, elle hurle, elle a compris. À cette heure-ci, elle sait que personne ne l'entendra.

Elle s'époumone une dernière fois. Un ultime soubresaut que vient anéantir une terrible frappe d'un poing fermé sur son visage. La bête n'en a pas fini. Un second coup la plonge dans une semi-inconscience. D'un geste rageur, il la retourne. Ventre et tête contre terre, ses écouteurs éjectés, elle ne verra pas son bourreau. Rapide et agile, il lui a glissé une corde autour du cou.

– Si tu bouges, je serre !

Elle sent son souffle au creux de l'oreille, une odeur de crasse se mélange à celle de la terre forestière. Les visages de son fils et de son mari lui apparaissent brièvement. Elle voudrait se battre, mais n'en a plus la force.

L'homme lui arrache son legging, dévoilant son intimité. Dans un dernier effort, elle tente de se retourner. La main du prédateur cherche, fouille autour du corps de la jeune femme et finit par agripper une pierre. Alors, sans aucune pitié, il cogne la pauvre tête déjà tuméfiée avant de la violer. Puis il serre la corde.

L'esprit de Marie s'obscurcit. D'abord une brume légère et très vite un nuage noir. Elle part…

C'est un promeneur qui retrouvera Marie, dénudée, un lien autour du cou et le visage méconnaissable. Elle avait trente-six ans. Le temps a passé, mais aujourd'hui encore son mari cherche toujours à comprendre pourquoi ce drame n'a pu être évité.

La course à pied est un sport que l'on ne peut éliminer de la liste des activités sous le prétexte que l'on peut y faire de mauvaises rencontres. Il est vrai que de temps à autre il nous arrive d'apprendre par la presse le viol de femmes faisant leur footing.

CONSEILS AUX JOGGEUSES

Si vous pratiquez cette activité, évitez de courir seule dans un endroit complètement isolé.

Si c'est le cas de l'endroit où vous aimez courir, courez à plusieurs. En individuel, vous ferez vos entraînements dans un lieu fréquenté par d'autres sportifs ou des promeneurs. De jour de préférence. Changez fréquemment d'itinéraire. Pensez à observer votre environnement.

La nuit, vous ne serez jamais seule et vous vous munirez d'une lampe frontale.

La musique motive, on le sait, mais la vigilance est de mise pour une femme qui court seule.

Marie était dans le rouge, elle ne pouvait lutter du fait de son état de fatigue. Performer, c'est bien, mais pensez à garder des forces pour fuir une situation délicate.

Marie aurait-elle pu stopper l'agression ?

Elle aurait pu utiliser sa force physique, à la condition de ne pas être épuisée. Ajoutons à cela quelques techniques de self-défense et surtout une très forte détermination.

Dans ce cas, il est important que les frappes soient bien localisées : œil, pointe du menton, tempes, testicules… Il ne s'agit pas de porter des coups, mais bien de faire mal, de blesser afin de faire cesser l'agression. Vous pouvez utiliser tout ce qui s'offre à vous, pierre, bâton, téléphone portable, stylo, clés de voiture, qui deviennent alors des armes par destination. Dans le cadre de la légitime défense, vous êtes en droit de vous défendre dans le seul but de fuir.

Quels outils de défense contre un violeur ?

Une arme à feu ou un couteau ? Outre le fait que ceci n'est pas légal (sauf port d'armes), sachez que cette arme peut se retourner contre vous. Utiliser une arme lors d'une lutte ou tout simplement la sortir n'est pas chose aisée.

Le shocker électrique peut vous permettre de tenir à distance votre agresseur le temps où le courant traverse son corps. Une fois l'impulsion électrique terminée, l'assaillant retrouve ses capacités. Cela a donc un effet limité.

La bombe lacrymogène nous semble être la meilleure option lors d'un footing. Préférez le gel au spray qui, plus diffus, pourrait vous importuner en cas de vent contraire à la direction de pulvérisation.

Dans le cas où vous avez l'habitude de faire le même circuit dans la campagne, il est utile d'en informer un proche qui connaîtra votre temps moyen sur le parcours et qui sera en mesure de donner l'alerte si un retard dû à un problème survenait.

On peut, sans faire une intrusion dans la vie privée, porter une balise de géolocalisation du modèle de celle que l'on utilise généralement pour les enfants (trajet scolaire) ou les véhicules. Il s'agit là d'une géolocalisation ponctuelle qui n'est donc pas intrusive H24.

Vous pouvez être accompagnée de votre chien, qui peut éventuellement dissuader un agresseur.

Son arrestation en 2019 avait fait les gros titres de la presse nationale. Trois ans après, le sapeur-pompier girondin accusé de viol et de tentative de meurtre comparaît à partir de lundi devant la cour d'assises de Bordeaux.

Le suspect, aujourd'hui âgé de 45 ans, a été confondu par son ADN. Les victimes sont deux jeunes femmes bordelaises. Actuellement en détention provisoire, l'auteur présumé des faits encourt la réclusion criminelle à perpétuité et la radiation professionnelle.

Selon plusieurs sources proches du dossier, les preuves à l'encontre de l'accusé sont « accablantes ». Des traces de son ADN auraient en effet été découvertes sur les deux scènes de crime. D'abord sur un lacet de chaussure retrouvé rue des Grandes-Écoles, entre les boulevards Wilson et le Parc Bordelais. C'est avec ce lacet que le suspect, armé d'un couteau, a tenté d'étrangler une jeune femme dans la nuit du 1er juin 2017. Les cris de la victime ont alerté un riverain qui a prévenu la police et fait fuir l'agresseur.

Six mois plus tard, le 2 décembre 2017, place Saint-Seurin à Bordeaux, une jeune femme de 22 ans rentre de soirée vers 4 heures du matin lorsqu'un homme lui impose une fellation sous la menace d'un couteau. Un viol commis à une vingtaine de mètres du domicile de l'étudiante. Des prélèvements d'échantillon ADN vont alors permettre de faire le lien entre les deux scènes de crime.

Après deux années d'investigations de la part des policiers bordelais, un suspect est identifié. Lors d'une perquisition à son domicile, les enquêteurs découvrent un foulard qui appartenait à la victime du viol.

Père de famille sans antécédent judiciaire, le suspect est un sapeur-pompier professionnel de 45 ans qui était en repos ou en arrêt maladie au moment des faits. Décrit comme « jovial » et « bien intégré », « c'est quelqu'un avec qui j'ai travaillé », témoigne un soldat du feu interrogé par France Bleu Gironde. « Il n'avait jamais eu de geste ambigu. » C'était « un homme de rang » qui participait aux interventions sur le terrain. « Jamais on n'aurait pu imaginer que ça pouvait être un criminel », ajoute le sapeur-pompier.

France Bleu Gironde, *9 janvier 2023*

Entre 1988 et 2018, sur une surface de 90 km^2, entre Maubeuge et la frontière belge, 80 femmes ou de très jeunes filles, des adolescentes, ont été agressées sexuellement par le même homme.

Cinquante-six de ces femmes se sont vues mourir, car le violeur accompagnait son acte d'une strangulation. Il attrape sa victime par-derrière et l'étrangle avec une cordelette, l'éloigne de la route, veut voir ses seins, la frappe et la viole… Quelques-unes d'entre elles ont résisté et se sont battues. L'une d'elles lui a écrasé sa cigarette sur le visage et l'a fait fuir, une autre a arraché le bonnet qu'il portait et s'est débattue pour ne pas être violée.

Le Journal du Dimanche, *8 janvier 2023, article consacré à l'affaire Dino Scala.*

L'homme finira par être arrêté en Belgique en 2018. Il écopera de 20 ans de réclusion criminelle, soit un ratio de 4 mois par victime.

Viol conjugal

Sébastien n'est pas un mauvais bougre, il est même plutôt du genre conciliant. Tranquille, il mène sa vie de père de famille comme il l'entend. Et c'est vrai qu'il rapporte le seul salaire de la maison. Avec ça, il faut faire vivre sa femme, Laurence, et leurs quatre enfants. Et il estime que cela lui ouvre des droits : qui paie, commande ! De son point de vue, il n'y a pas à discuter, le chef c'est lui.

Bonne cuisinière et ardente au lit, Laurence ne s'est pas ménagée. Mais les temps changent et les esprits aussi. L'âge n'a pas de prise sur elle, qui reste coquette et désirable. Ce n'est pas sans mal qu'elle a pu s'offrir un téléphone sur lequel elle voit, sur Instagram, des femmes superbes dont elle imagine la vie. Mais la réalité reprend vite le dessus.

– Tu peux te faire belle, toi, tu ne bosses pas ! lui reproche sans cesse Sébastien.

Fini les mots d'amour entourés de roses des premières années ! Maintenant, quand il lui parle, il est dans la rancune et le reproche. Il a beau avoir le pantalon taché par la graisse du garage où il travaille, ses réflexions acides, elle en a ras le chignon !

– On ne le changera pas…, confie-t-elle à sa sœur qui s'inquiète du climat de tension qui règne dans la maison.

– Mais enfin, Laurence, es-tu au moins heureuse ?

– Je suis comme Sébastien, ni plus ni moins ! On se partage les soucis, pour le reste…

Elle dit vrai, Laurence. Le repas du soir se fait devant la télévision sur laquelle Seb zappe entre les chaînes d'info. De temps à autre, il s'arrête de mastiquer pour traiter de connard l'homme politique dont la tronche s'affiche sur l'écran. Ça lui fait du bien, ce coup de gueule. Laurence, de son côté, dîne avec son téléphone et les réseaux dits sociaux.

Sébastien est un petit despote. Par lassitude, Laurence ne lutte plus. Une fois la table débarrassée, elle monte dans la chambre. Et quand Sébastien la rejoint, vers une heure du matin, sa crainte est toujours la même.

– J'ai envie…

Il n'attend pas la réponse et lui ôte sa nuisette. Il n'a sous lui qu'un corps inerte, presque sans vie, qu'il besogne telle une bête. En moins de cinq minutes, il se libère dans un grognement satisfait, lâche « Bonne nuit », et se retourne pour plonger dans un sommeil de plomb.

Voilà le quotidien de Laurence depuis des années…

Le viol n'existe pas qu'entre inconnus. Il est plus fréquent qu'on ne croit dans les familles. Nous avons choisi l'exemple du couple, mais le viol peut aussi être incestueux. Un père viole son enfant, ou un grand-père un de ses petits-enfants ; parfois le violeur est un parent plus éloigné ou une connaissance de la famille.

Quelle que soit la situation, dans la tête de la victime, les croyances, la peur et la honte prennent le pas sur la réflexion.

Les croyances et la honte

L'enfant, non averti, pense que ce qu'on lui a fait n'est pas bien mais ça ne lui paraît pas être le mal incarné. Cela durera jusqu'au moment où il apprendra qu'il s'agit d'un abus, d'un crime.

Concernant le viol conjugal, l'épouse renonce dans la majorité des cas à dénoncer les agissements de son mari. Elle craint de ne pas être comprise, d'attirer l'opprobre sur son foyer et d'être à la source d'un grave différend familial. Dans certains couples, le fait d'avoir juré fidélité laisse croire à l'épouse qu'il est dans ses obligations d'accomplir le « devoir conjugal ». Or, depuis 1990, cette notion a été battue en brèche par la jurisprudence, qui sanctionne sévèrement le viol conjugal. La peine pour ce crime va jusqu'à 20 ans de prison alors qu'elle se limite à 15 années d'incarcération pour les autres cas de viol.

Et il y a la honte ! La honte d'en être tout simplement responsable, de ce viol. Les victimes ont fréquemment ce sentiment de culpabilité en pensant qu'elles sont la cause des agissements de leur agresseur. *En prenant soin de moi, je provoque son désir… Peut-être est-ce ma faute ?*

Le viol conjugal est un acte répétitif. Des femmes le subissent pendant plusieurs années, voire une vie entière. Il fait mal parce que c'est un abus de confiance et d'autorité de la part de celui que l'on est censée aimer. Comme toute forme de viol, il sème le trouble mental, la perte de l'estime de soi et le sentiment d'être salie. Les conséquences du viol conjugal sont lourdes à porter pour la victime. Il est difficile pour elle de prouver la réalité du crime, et à l'impact psychologique d'une relation sexuelle non consentie s'ajoute la trahison du conjoint.

Au même titre que la violence exercée avec des coups, le viol est inacceptable. Certaines femmes, n'ayant pas eu d'écoute suffisante, ont eu recours à la brutalité pour mettre fin à leur calvaire. Le meurtre de son mari par Jacqueline Sauvage n'est pas un acte isolé. Il est très difficile pour la justice de statuer sur un cas comme le sien. En effet, si la loi autorise l'usage de la force face à un comportement violent, celui-ci doit satisfaire à des règles strictes (celles de la légitime défense). Son geste désespéré ne répondait pas à toutes les exigences du cadre légal.

Même si Jacqueline Sauvage a estimé que c'était pour elle la seule façon de faire cesser les violences exercées par son mari, sa réponse n'avait pas la simultanéité et la proportionnalité requises aux yeux de la justice.

Nous ne nous permettrons pas de juger son acte.

Chaque souffrance est unique et incomparable. Même si la loi n'autorise pas l'usage de la force hors du temps de l'agression, on peut comprendre sa volonté d'en finir avec les humiliations et les coups répétés ; c'est tout simplement humain. Encore une fois, il est difficile de concilier la morale et la loi.

Le 31 janvier 2016, François Hollande accorde une grâce présidentielle partielle à Jacqueline Sauvage. Sa peine est réduite de 2 ans et 4 mois et la période de sûreté (applicable automatiquement aux peines pour violences aggravées supérieures ou égales à 10 ans) est abolie.

Pour éviter d'en arriver là et que ce soit la victime qui aille en prison, il est important d'en parler le plus tôt possible. Encore faut-il trouver la « bonne personne » à qui se confier. Il est très malaisé de partager son secret et sa peine avec l'entourage proche. Il existe des cellules de soutien dédiées à ces situations extrêmes et délicates qui peuvent vous aider.

Le viol conjugal nous place dans une situation complexe. Pour la femme qui subit cette épreuve, seule la séparation, qui peut être jumelée à un dépôt de plainte, peut être considérée comme un début de solution.

Nous n'abordons pas les violences faites aux femmes dans le cadre du domicile conjugal. Vous êtes en droit de vous défendre physiquement en respectant les dispositions relatives à la légitime défense, comme dans un viol.

La femme qui est victime de coups ou de sévices doit porter plainte. Là aussi, des efforts, nous dit-on, sont en train d'être faits pour qu'après de multiples drames, les femmes ne soient pas laissées seules face à leur bourreau.

Cela, c'est la théorie. Dans la pratique, il peut arriver

qu'une fois la porte du commissariat ou de la gendarmerie franchie, vous soyez éconduite parce que, hélas, vous n'êtes pas tombée sur la bonne personne. Que voulez-vous, les institutions ne valent que par ceux qui les servent, l'Église en est le meilleur exemple ! Un mauvais recrutement, un manque de formation, un commandement déficient sont les principales causes de la négligence dont on peut faire preuve à votre égard.

Ces attitudes, on l'espère, deviennent de plus en plus rares. Si néanmoins vous êtes en présence d'un tel comportement, réagissez ! Vous, avec un mari ou un compagnon cogneur à la maison, c'est votre peau que vous jouez.

Demandez immédiatement à voir un supérieur et exigez le numéro matricule de votre interlocuteur en lui disant qu'il engage sa responsabilité si un malheur vous arrive. Et si, en désespoir de cause, votre plainte n'est pas prise en compte, foncez chez le maire. Il est lui aussi officier de police judiciaire, et à ce titre, il lui revient, à lui et à ses adjoints, d'informer les autorités judiciaires des infractions portées à leur connaissance[1]. Voici ce qu'en pense Aymeri de Montesquiou, président de la section du Gers de l'Association des maires de France :

> *« Considérant que les maires sont les élus les plus proches, les plus respectés, donc les plus écoutés par leurs concitoyens, il est indispensable qu'ils sachent comment réagir si une affaire se produit sur leur commune. Il ne s'agit pas de faire de la délation mais les maires doivent remplir ce rôle de vigie. S'ils ne le faisaient pas, on pourrait parler de non-assistance à personne en danger. »*

---

1. Art. 16 du Code de procédure pénale et art. L. 2122-31 du Code général des collectivités locales.

Attention ! Attaquer son prédateur en justice coûte cher. La procédure pénale se monte en moyenne à 10 000 euros, ce qui malheureusement dissuade beaucoup de plaignantes.

Depuis janvier 2023, un « Pack Nouveau Départ » est expérimenté. Son but : ne plus avoir qu'un seul interlocuteur, dixit Isabelle Lonvis-Rome, ministre chargée de l'Égalité entre les femmes et les hommes :

> *« Il suffira qu'elles aillent voir une association, un médecin, qu'elles aillent à la police, un maire dans un village. Cette personne va pouvoir signaler cette situation, et contacter un seul référent qui va déclencher auprès des autres partenaires toutes les aides dont elle peut avoir besoin pour prendre son envol : ce peut être des allocations de type RSA, une aide pour son retour à l'emploi, pour son retour à la formation, une aide pour la garde d'enfants, un accompagnement psychologique, et un hébergement d'urgence si besoin. »*

Notons les derniers mots. Pourquoi un hébergement d'urgence ? La morale recommanderait d'écarter du foyer l'agresseur et de l'en tenir éloigné.

Tout ce qui précède s'adresse aux femmes, mais des cas de violences exercées par des épouses sur leur conjoint ou compagnon existent. L'homme qui subit ces violences ne réagit que très rarement, estimant qu'il est inconcevable de s'en prendre physiquement à une femme. Il n'ose pas en parler ni déposer plainte, de peur du jugement des autres.

2

Vol aggravé sous la menace d'une arme

En vérité, les menaces sont partout… où on ne les attend pas.

Jeff et Charlotte sortent ainsi du cinéma et regagnent tranquillement le parking. C'est au moment où, après avoir déverrouillé les portières, ils s'apprêtent à monter dans leur voiture qu'un type vêtu d'un sweat à capuche, la main prolongée d'un cutter, surgit de l'ombre.

– Ta clé !

Jeff jauge l'individu qui vient de lui parler à voix basse. Le mec paraît plutôt chétif. Moins d'un mètre soixante-dix, et à la façon dont il se tient, planté devant eux, il lui est impossible de déterminer s'il est shooté ou au contraire en pleine possession de ses moyens. Fréquentant assidûment une salle de boxe et de fitness, il estime que le risque est limité et qu'il peut y aller. Il tente de lui coller une bonne droite. C'est mal vu ! Ne vous fiez jamais aux apparences. Dans un excès de confiance, Jeff confond le ring et la rue. Il ignore que son agresseur agit sur une commande, il lui faut cette voiture ; le vol de véhicule, c'est son gagne-pain. Il a l'habitude de ces situations et n'a aucun scrupule.

– Dégage, connard, tu ne me fais pas peur !

D'un bond, l'encapuchonné est sur lui, il pique, il tranche. Dépassé par l'enchaînement et la violence des coups rapides et répétés qui engendrent des blessures douloureuses, Jeff perd le contrôle. Son état physique est en train de se dégrader à une vitesse exponentielle. L'ultime attaque portée sur la gorge est fatale. Le tout sans un mot.

Dans le feu de l'action, la capuche du voleur se rabat et son visage apparaît dans la lumière du réverbère. Charlotte ne restera pas vivante.

Si avant de prononcer son « Dégage, connard ! », Jeff avait laissé un minimum de lucidité l'envahir, celle-ci l'aurait contraint à raisonner. Il aurait alors donné la clé, mémorisé le physique de l'agresseur, sa tenue vestimentaire et la direction de sa fuite. Son voleur parti, il composait le 17 et faisait part de tous ces éléments ainsi que de ceux concernant son véhicule aux forces de l'ordre.

Si la tentative de vol avait eu lieu quand Jeff était dans la voiture et qu'un homme armé d'un couteau frappe sur la vitre en lui demandant d'ouvrir, la situation aurait été différente. Il lui fallait verrouiller les portières, démarrer et partir rapidement avec Charlotte. Rester sur place l'aurait exposé à voir ses vitres brisées. Attention, vous encourez un vrai risque juridique si vous avez l'idée de le percuter ou de lui rouler dessus avec votre véhicule.

Dans l'hypothèse où son voleur le menace d'une arme à feu, le raisonnement est simple. Les balles traversant les glaces et les portières, Jeff et Charlotte descendent et donnent les clés. Une fois seuls, ils appellent le 17 et suivent la procédure.

Le car-jacking se pratique aussi à domicile, de jour et de nuit. Beaucoup de véhicules modernes sont munis d'un tracker : si ce n'est pas le cas, mettez-en deux (coût : environ 100 euros par appareil). En effet, les voleurs examinent systématiquement la voiture afin de savoir si elle en est équipée et s'arrêtent de chercher dès qu'ils en découvrent un.

En l'absence de menace physique, si vous dormez par exemple, la caméra[1] de surveillance peut se révéler une aide précieuse. Le projecteur couplé à un détecteur de présence peut également se révéler très efficace.

Attention, là aussi, aux risques juridiques en cas de surréaction de votre part. Votre comportement doit impérativement entrer dans le cadre de la légitime défense, ce qui suppose d'en connaître les règles ! Si vous possédez une arme à la maison et que vous décidiez de l'utiliser, votre action doit contrer un danger immédiat, réel et sérieux et être la seule qui puisse empêcher que votre vie soit mise en danger.

Précision : les juges ont fréquemment une lecture stricte de la légitime défense…

1. Surtout si celle-ci est infrarouge. Elle capture des images nocturnes avec la même définition qu'en plein jour.

3

Cambriolages : agir ou laisser faire

Il n'y a pas d'ENM, autrement dit d'École nationale des malfrats ! Cambrioleur, c'est un job d'autodidacte qui s'acquiert avec l'expérience. C'est comme député : on apprend sur le tas !

Depuis une semaine, Bogdan traîne ses guêtres dans un ensemble résidentiel de Lille-Sud. Il a jeté son dévolu sur une maison un peu à l'écart, entourée d'une haie épaisse qui, une fois franchie, le protégera des regards. Il a noté les heures d'entrées et de sorties du propriétaire afin de déterminer sa « fenêtre de tir », comme il le dit lui-même. Ses potes lui ont déconseillé les opérations nocturnes.

– La nuit, la loi n'est plus la même ! Il y en a qui n'hésiteront pas à te buter s'ils te chopent chez eux en train de les piller ! Et il y a des chances pour que le juge leur donne raison !

Dans ce métier, on évalue le risque. Sagement, Bogdan s'est rabattu sur le diurne. Et là, il est tombé sur le cas d'école. Un homme seul, travaillant la nuit et qui, après une matinée de repos bien mérité, s'en va transpirer chaque jour vers 15 heures dans une salle de sport dont il ne revient qu'en début de soirée. Mieux, on ne peut pas. Cet après-midi, il passe à l'action.

Pour ne pas attirer l'attention des voisins en poireautant à proximité, il se présente dans la rue une demi-heure après le départ théorique de son « client ». Le type est réglé comme une horloge, pourquoi changerait-il ses habitudes aujourd'hui ? Bogdan se retrouve au pied de la porte d'entrée.

Son œil expert l'évalue, elle est blindée ! Inutile d'insister, la forcer prendrait trop de temps. Il enfile une paire de gants puis se dirige vers ce qu'il considère comme son point de pénétration dans les lieux, la porte-fenêtre. Il sort de son sac à dos un vaporisateur qu'il utilise pour décrire un cercle près de la poignée d'ouverture. Lorsque, dans la minute suivante, il va passer le coupe-verre, le pétrole qu'il vient de répandre va s'insinuer dans les entailles et par capillarité va exercer une pression et faire éclater le verre trempé. C'est qu'il a du métier, Bogdan… mais pas assez pour son coup d'aujourd'hui ! Sous l'action du coupe-verre et du pétrole, la vitre s'est brisée en d'innombrables cristaux.

À l'étage, plongé dans un demi-sommeil, Mickaël n'est pas allé s'entraîner. Il a entendu le bruit des fragments du carreau qui viennent de frapper le sol. Pour lui, qui exerce la fonction d'agent de sûreté la nuit dans un complexe commercial, ce son résonne comme une alerte. Il déploie sa longue silhouette bâtie tout en muscles et lentement ouvre la porte de la chambre. Qui, hormis un cambrioleur, passerait lui rendre visite sans s'annoncer ? D'un mouvement souple, il se penche pour saisir sous le lit une batte de base-ball. Un cadeau que son frère lui a ramené des États-Unis. Il s'avance à pas de loup jusqu'au palier. Le visage crispé, il regarde l'intrus s'approcher d'une vitrine.

Bogdan contemple les quatre montres de collection

qui s'y trouvent. *Elles sont encore plus belles que sur les photos qu'il a mises sur Instagram ! Et là, des bijoux !*

Mickaël voit l'homme tendre la main vers le petit coffre de verre qui contient les bijoux que lui a donnés sa mère avant de mourir. C'est trop ! Il bondit dans l'escalier en hurlant ! Pétrifié, Bogdan le voit lever la batte des Angels de Los Angeles. À peine a-t-il le temps de remarquer le « A » rouge et bleu surmonté d'une auréole, symbole de l'équipe, qui en orne la partie la plus large, que celle-ci s'abat sur sa tête.

Le sang qui gicle décuple la fureur de l'agent de sûreté.

– Dans ta gueule, connard ! aboie-t-il en lui remettant la dose à deux reprises.

Il s'arrête pour contempler d'un air satisfait le type qui gît à ses pieds. Une masse informe qui pisse le sang de partout. Bouche, nez, oreilles. Il se redresse fièrement, saisit son téléphone et compose le 17.

– Ouais, c'est Mickaël Dufour, au 9, rue des Alouettes. Je vous appelle parce que je viens d'être victime d'un cambriolage. Mais j'ai neutralisé mon voleur !

Il a dit ça avec un soupçon d'orgueil dans la voix.

– Que voulez-vous dire par « neutralisé » ?

– Qu'il a pris un coup de batte de base-ball dans sa gueule ! Voilà ce que je veux dire !

– Heu… est-il conscient ?

– Vous rigolez ? Avec ce que je lui ai mis… Vous venez l'enlever ?

– Vous ne bougez pas, nous serons là dans dix minutes ! Un médecin va vous rappeler et vous indiquer la conduite à tenir en attendant les pompiers.

À leur arrivée, ils constateront que Bogdan est entré dans un coma profond. Transporté à l'hôpital, il y restera six mois.

L'interrogatoire de Mickaël ne durera effectivement pas bien longtemps. Il sera interpellé, mis en garde à vue avant d'être déféré devant un juge d'instruction qui l'inculpera pour homicide volontaire et le placera en détention préventive. Quand il sortira du coma, Bogdan sera entendu par la justice en sa qualité de victime et se portera partie civile.

Condamné à deux ans de prison, dont un avec sursis, Mickaël poursuit, derrière les barreaux, sa longue réflexion sur les arcanes de la légitime défense.

Étude du comportement de Mickaël

Se défendre ou se faire justice ne sont pas des termes équivalents. Protéger des biens, ce n'est pas défendre sa vie. La réaction de Mickaël aux yeux de la loi va être jugée inappropriée car il a agi hors du cadre de la légitime défense. Que dit la loi ?

> « *N'est pas pénalement responsable la personne qui, pour interrompre l'exécution d'un crime ou d'un délit contre un bien, accomplit un acte de défense, autre qu'un homicide volontaire, lorsque cet acte est strictement nécessaire au but poursuivi dès lors que les moyens employés sont proportionnés à la gravité de l'infraction* » *(art. 122-5 du Code pénal).*

Si Mickaël est dans l'incapacité de prouver que Bogdan ne l'a à aucun moment menacé, c'est lui qui va se retrouver avec les menottes !

Lorsqu'il perçoit le bruit qui le met en alerte, son premier réflexe doit être d'appeler la police. Que sait-il du voleur qui est en bas ? Est-il armé ? Va-t-il monter dans les étages ?

S'équiper de sa batte de base-ball n'est pas une mauvaise idée en soi, tout dépend de son utilisation. Si Mickaël se dévoile, son cambrioleur peut prendre peur et fuir. Mais s'il sort un couteau et le menace, alors notre vigile pourra user de sa batte avec lucidité pour se défendre. Sa réaction devra être nécessaire et proportionnée. Faire preuve d'acharnement serait une erreur, ses coups devront donc être limités à la disparition de la menace.

Il peut alors livrer le malfrat à la police en faisant toutefois attention de ne pas le mettre plus mal qu'il n'est. Si celui-ci est sérieusement blessé, Mickaël lui prodiguera les premiers soins et appellera le 18.

Dans le cas où Bogdan vient à décéder, il aura soin de ne toucher à rien jusqu'à l'arrivée des policiers de façon à ne pas entraver l'action de la police scientifique. Ramasser le couteau équivaudrait à laisser croire que c'est lui qui l'a placé là après coup. Ce sont les empreintes de l'agresseur qui prouveront les mauvaises intentions de celui-ci.

NOS CONSEILS

Vous êtes une personne prudente, vous prenez donc des mesures de bon sens.

Vous êtes fier de votre réussite. Ce n'est pas une raison pour aller l'étaler sur les réseaux sociaux. Les délinquants sont friands de Facebook et tutti quanti. Ils y découvrent votre train de vie et vos dates de départ en vacances.

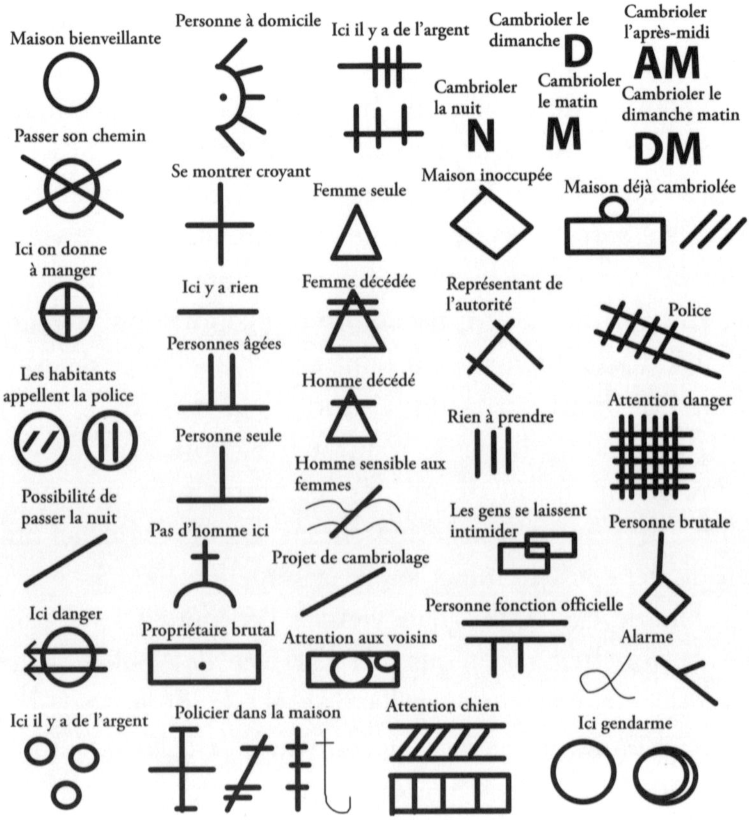

Exemples de signes laissés par des cambrioleurs

Si vous le pouvez, installez des éléments de protection visibles à l'extérieur qui montreront que votre domicile est sous surveillance. Attention, là aussi la loi est précise. Pas question de mettre une caméra qui filmerait la voie publique. Vous pouvez poser des détecteurs de présence, jumelés à une lampe par exemple. Lorsque celle-ci s'allume, le voleur s'interroge. Le dispositif est-il relié ou non à une alarme ?

Votre porte est sécurisée et elle est verrouillée quand vous êtes chez vous. Vos vitres sont en verre de sécurité. Si vous logez en rez-de-chaussée et que vous vous absentez, n'hésitez pas à fermer les volets de vos portes-fenêtres. Ne laissez rien traîner à proximité de l'entrée. Clés de voiture, de maison, téléphone, tout cela doit être mis à l'abri dans un endroit difficile à trouver. Si vous avez une alarme, vous l'enclenchez systématiquement lorsque vous sortez et vous la passez sur la position « À la maison » quand vous êtes chez vous.

Si vous habitez une maison individuelle, examinez de temps à autre la façade extérieure afin de voir si des signes particuliers y ont été apposés. Si vous en voyez, prenez des photos et appelez le 17. Faites-en également part à vos voisins. Ces marques sont réalisées par des gens qui appartiennent à des bandes organisées et qui sont chargés de procéder aux ultimes repérages avant le passage des cambrioleurs.

Avoir une grille d'enceinte doublée d'une haute haie protège des regards et c'est plutôt sympa quand on fait un barbecue avec les copains. Mais *a contrario*, cela assure au voleur d'être à l'abri des regards une fois qu'il a pénétré chez vous. Fermez votre portillon à clé et, si haie il y a, préférez des végétaux du type pyracantha. Leurs épines dissuadent une bonne partie des délinquants en herbe. Pourquoi des végétaux ? Vous vous dites qu'une bonne haie de barbelés fera l'affaire ? D'abord, il faut que ceux-ci soient installés à 50 centimètres de la clôture et il n'est pas exclu que votre responsabilité soit engagée si un voleur venait à se blesser. Seule compte l'appréciation du juge en la matière. Voleur, un métier à risques ?

La vie est un bien précieux, surtout la vôtre et celle de vos proches. Lorsque quelqu'un entre chez vous sans y être invité, vous ignorez à qui vous avez affaire. Faites preuve de bon sens et de réflexion avant toute action.

Pensez encore une fois qu'en cas de mauvaise décision de votre part, c'est vous qui risquez de vous retrouver devant un juge.

Le cambrioleur est dans un lieu intime, vous l'entendez se déplacer, il est donc normal que vous soyez sous le coup de l'émotion. Reprenez le contrôle en maîtrisant votre respiration. Si cela est possible, fermez à clé la pièce dans laquelle vous êtes et barricadez-vous. Prévenez la police et déclenchez votre alarme si vous en avez une. Si vous pouvez fuir par une fenêtre, fuyez ! Dans ce cas, soyez prudent. Les cambrioleurs agissent souvent en équipe et il est possible qu'un complice se tienne à proximité.

Allez au plus court, chez votre voisin le plus proche. Vous pouvez rester caché et filmer la sortie de votre voleur. Retenez le numéro d'immatriculation de sa voiture et tous les détails possibles le concernant. Surtout, n'allez pas jouer les héros en recherchant la confrontation. Vous ignorez si votre homme est armé.

Si vous vous retrouvez face à lui, dites-vous que si un cambrioleur ne prend pas la fuite en vous voyant, ce n'est pas du tout bon signe. Cela veut dire qu'il est prêt à recourir à la violence pour emporter ce qu'il convoite.

Ne le fixez pas dans les yeux, mais faites un effort pour vous souvenir de sa physionomie, de sa tenue vestimentaire, du son de sa voix ou d'un détail particulier (tatouages, piercings, cicatrices). N'engagez pas la conversation, répondez à ses questions s'il vous en pose. Son ennemi, c'est le temps. Lui aussi subit un stress émotionnel quand sa présence chez vous s'éternise.

Nous allons voir maintenant que les choses changent quand vient la nuit…

De nuit

Il a fallu vous trouver, même le GPS a galéré ! C'est ce que disent leurs invités lorsqu'ils franchissent pour la première fois le seuil du pavillon des Maujoux, une coquette demeure adossée à la lisière de la forêt de Rambouillet. L'instant suivant, quand ils pénètrent dans le salon, le regard des hommes est invariablement attiré par le fusil de chasse qui est accroché au mur.

– Quelle belle arme ! s'exclament les amateurs.

Et c'est vrai. De marque Merkel, elle a été fabriquée quand l'usine se trouvait encore en Allemagne de l'Est. Des scènes de chasse ont été finement gravées sur la bascule, il y a une double détente, sa crosse est en noyer huilé, une merveille d'artisanat. Et chaque fois, Patrick, son propriétaire, se croit obligé d'ajouter :

– C'est le fusil du grand-père, à peu près le même que celui que la manufacture Merkel avait offert en 1953 à Eisenhower et à Khrouchtchev ! Je le garde parce qu'il y était très attaché... On se le transmet de père en fils...

– Tu n'es pas chasseur, dans cette région ?

– Mon beau-frère a bien essayé de me convertir... Il est venu avec deux boîtes de cartouches et il m'a fait une démonstration. Sans succès ! Il me les a laissées en me disant que cela pourrait peut-être me servir un jour.

Les Maujoux n'ont jamais eu le sentiment d'être observés, encore moins celui de se sentir menacés par quelqu'un qui en voudrait à leurs biens. Ils ont pourtant bien conscience que le fait d'habiter en lisière de forêt les rend vulnérables, aussi ont-ils fait monter un projecteur déclenché par un détecteur de présence qui éclaire la cour au moindre mouvement. Cela suffit largement, la brigade de gendarmerie est à moins de 8 kilomètres ; en cas de pépin, ils seront là très vite.

C'est justement ce projecteur qui tire Patrick de son sommeil, au milieu de cette nuit de décembre. Un animal ? Il est déjà arrivé qu'un renard vienne rôder dans le coin à la recherche d'un poulailler. Le radio-réveil indique 2 h 05 avant de s'éteindre. Dans la cour, la lumière s'est coupée elle aussi. Il actionne l'interrupteur de sa lampe de chevet : rien...

– Martine, réveille-toi ! Il n'y a plus de courant !

– C'est peut-être le disjoncteur...

– Écoute... Quelqu'un marche sur le gravier.

– T'es sûr ? Tu me fais peur... Appelle les gendarmes !

– Non ! Toi, fais-le ! Moi, je vais voir, les enfants sont dans leurs chambres en bas !

– Fais attention à toi !

Patrick sort et descend prudemment les escaliers qui mènent au salon. Là, il décroche le fusil du papi et s'empare de la boîte de cartouches. Il en met une dizaine dans la poche de sa veste de pyjama et deux dans l'arme qu'il épaule dans un geste approximatif. Son rythme cardiaque s'accélère au fur et à mesure qu'il s'approche de l'entrée. Un bruit à gauche ! Il se retourne et son canon évite de justesse le vase en cristal de Baccarat donné par la belle-mère. Il reste figé l'espace d'un instant avant qu'un nouveau son le fasse se tourner de nouveau vers la porte. Il est là !

Dans la pénombre, il devine la silhouette d'un homme qui se tient immobile à moins de cinq mètres de lui. Il hurle :

– Stop ! J'ai une arme !

– Moi aussi ! répond l'ombre qui, d'un bond, s'avance vers Patrick.

– Je vais tirer !

L'ombre progresse encore.

Bam ! Le coup de feu résonne dans toute la maison. La forme s'affale aussitôt, accompagnant sa chute d'un cri déchirant. Dehors, un bruit de moteur de voiture que l'on vient de mettre en route et qui s'éloigne. Des gémissements se font entendre.

Patrick, comme il l'a vu faire dans les films, garde son arme pointée sur l'homme et farfouille dans un tiroir à la recherche d'une lampe torche. La voilà ! Le faisceau lumineux tremblotant se fixe sur une jambe à demi déchiquetée par la volée de plombs. Mais ce n'est pas le sang qui pisse à gros bouillons que regarde Patrick, c'est le couteau que l'homme a dans la main.

– Putain ! Lâche ça !

Lui qui ne jure jamais se laisse aller. Dans son esprit mille choses se bousculent, qu'il tente désespérément d'ordonner. C'est Martine qui vient à son secours. Elle se tient derrière lui, examine l'individu et lâche :

– Il perd trop de sang. Il a besoin d'un garrot, tout de suite ! J'appelle les pompiers !

L'homme en panique a lâché son couteau et ses deux mains tentent en vain de contenir l'hémorragie. Patrick le tient en joue pendant que Martine, infirmière aux urgences, pose un garrot sur le haut de la cuisse sur lequel, par automatisme, elle note au feutre l'heure de la pose.

Gendarmes et pompiers arriveront vite, au même moment. L'homme est évacué immédiatement et les militaires procèdent aux constatations.

– C'est l'arme avec laquelle vous avez tiré ?

Patrick acquiesce et tend son fusil.

– Elle est saisie pour le temps de l'enquête. Nous allons procéder aux auditions, merci de rassembler toute votre famille dans le salon.

Celles-ci terminées et les relevés d'empreintes effectués, l'adjudant se tourne vers le couple.

– Si la justice reconnaît que votre acte entre dans le cadre de la légitime défense, vous ne serez pas inquiété pour détention illégale d'armes de catégorie C. Si ce n'est pas le cas, vous serez poursuivi.

Un an plus tard, le voleur et son complice seront condamnés. La légitime défense ayant été reconnue, le fusil sera restitué à Patrick à la condition qu'il soit neutralisé ou qu'il passe son permis de chasse. Depuis, il a son permis et la superbe arme trône toujours dans le salon.

NOS CONSEILS

Mesures de précaution

Vous habitez la campagne ou un lieu isolé ? Il est bon de prendre quelques mesures de précaution. Ne croyez pas que parce qu'il ne s'est jamais rien passé dans le coin, vous êtes définitivement à l'abri des mauvais coups. La délinquance itinérante existe et elle est multiforme.

Un peu de technique…

Installez un détecteur de présence aux abords de la maison, que vous pouvez coupler avec des capteurs d'images à infrarouge alimentés par batteries. En cas de rupture du courant électrique, ils resteront efficaces. Ce détecteur peut être relié à des projecteurs qui s'allumeront lors du passage d'un intrus. Il est indispensable d'avoir à portée de main son téléphone ainsi qu'une lampe torche, de préférence de forte puissance. Un individu éclairé par une lampe de 9 000 lumens (type lampe tactique) est aveuglé pendant un long moment.

Suivez les prescriptions de votre compagnie d'assurances en ayant soin de prendre en photo tous vos objets de valeur. Les mettre dans un coffre est une bonne idée lorsque vous êtes absent, cela fait perdre du temps à vos agresseurs. En votre présence, ils risquent de vous maltraiter pour en obtenir la combinaison. Prévoyez d'y glisser trois ou quatre contrefaçons de montres ou de bijoux de marques célèbres. Dans la précipitation, les voleurs ne vérifient que très rarement la valeur des biens.

Préparez-vous !

Avoir imaginé être victime d'un cambriolage la nuit, alors que vous dormez, aide à limiter l'effet de sidération.

Si vous le pouvez, regroupez tous les membres de votre famille dans une pièce qui ferme à clé. Réunissez des moyens de défense tels que couteaux, chaise, extincteurs, marteau, etc. De préférence, cette pièce doit être située au rez-de-chaussée avec une porte donnant sur l'extérieur. Lorsque la police arrive, allez vers eux sans aucune des armes décrites plus haut. Montrez vos mains et indiquez-leur où se trouvent les cambrioleurs.

Vous avez une arme ? Assurez-vous qu'elle soit bien déclarée, y compris celle du grand-père. Si vous ne faites pas partie d'un club de tir, vous pouvez passer votre permis de chasse, celui-ci est valable à vie pour le moment. En cas d'emploi d'une arme non déclarée lors d'une agression à votre domicile, ce sont les conditions dans laquelle s'est exercée la légitime défense qui détermineront si vous devez être poursuivi, ou pas, pour détention illégale.

Imaginez un instant qu'un voisin ait dénoncé Patrick à la gendarmerie avant qu'il ne soit victime du vol, celui-ci était poursuivi pour détention illégale et l'arme aurait été saisie !

Lors des constatations, il sera noté qu'il a tiré dans les jambes, manifestant ainsi sa volonté de ne pas tuer son voleur. Les membres de la famille, qui seront auditionnés individuellement et sans pouvoir se concerter, devront décrire ce qu'ils ont vu et entendu. Les rôles de chacun seront étudiés : qui a appelé les gendarmes, les pompiers ? Qui a fait le garrot et comment ? Imaginez que l'homme ait été découvert sans vie ou agonisant, les mains attachées. La non-assistance à personne en danger pourrait être retenue. Si vous ignorez les gestes de premiers secours, le fait d'appeler les pompiers manifeste votre intention de préserver la vie : un bon point pour vous !

Tant que les gendarmes ou la police ne sont pas sur les lieux, restez éloignés des fenêtres afin de ne pas être vu de l'extérieur. Des complices peuvent rôder.

Ayez conscience que l'utilisation d'une arme n'est pas sans conséquence sur le plan psychique. Tirer sur un homme laisse des séquelles sur un individu normal. Prenez le soin de consulter après avoir accompli cet acte.

Si vous devez ouvrir le feu, sachez que des gens de métier ratent leur cible à des distances d'engagement de moins de cinq mètres ! Alors que dire de ceux qui ne tirent jamais ! Le stress va amoindrir vos capacités et ne croyez pas en la chance du débutant. Avoir une arme ne suffit pas, encore faut-il être entraîné à l'utiliser.

En avoir une chez soi n'est pas un fait anodin. Respectez les consignes de sécurité qui sont données par la législation et les clubs de tir. Ne confondez pas détention et port d'armes. Enfin, prenez-en soin en l'entretenant régulièrement. Face à des malfrats aguerris, si votre pistolet a des points de rouille et que vos munitions sont humides, vous ne pourrez espérer faire illusion qu'un court instant !

L'AVIS D'ATON

Le tir, comme toute activité technique, ne s'improvise pas.

Même si les films nous montrent le contraire – comme l'homme qui tire sans viser mais qui atteint toujours sa cible ou celui-là qui, tranquille, après avoir dessoudé un congénère, sort une blague à deux balles –, se servir d'une arme est difficile. La réalité n'a rien à voir avec le cinéma…

Ça me fait mal de vous dire ça, mais en toute sincérité, plus de 90 % des tirs opérationnels à l'arme de poing chez les forces de l'ordre n'atteignent pas leur but. Pire, ils rentrent dans la case « balles perdues ». Je vous laisse imaginer les malheurs que peuvent produire les munitions dont la trajectoire s'aligne avec le hasard…

Les trop nombreux opérationnels qui ont dû faire usage de leurs armes se retrouvent avec un syndrome post-traumatique ou, pire, le sentiment d'avoir une dette à vie que seuls ceux qui ont tué peuvent comprendre.

Avoir une arme chez soi ou sur soi est une lourde responsabilité que la majorité des gens ne mesure pas. Le danger vient de plusieurs facteurs. Le premier : l'incompétence, qui peut conduire au dommage collatéral. Le second : la bêtise, qui donne un sentiment d'invincibilité. Bon nombre de porteurs d'armes se sont vus mourir quand leurs agresseurs les ont désarmés.

Porter une arme nécessite d'abord une capacité physique afin de ne pas se la faire retirer, une capacité technique pour réaliser un tir sans dommage collatéral (comme celui de tuer un innocent !), et enfin, une capacité mentale pour évaluer le moment opportun afin d'en faire usage. Il vous faudra ensuite vivre avec les conséquences de votre tir.

Chaque fois que j'ai mis mon arme dans mon holster pour partir en intervention ou en protection rapprochée, j'ai d'abord effectué des tirs à vide (sans munitions), pour inscrire dans ma mémoire physique et mentale ce geste technique. De la même façon, je me suis préparé psychologiquement à faire usage de mon arme et ainsi à tuer. Il n'y a rien d'anodin là-dedans.

Si vous êtes tireur sportif, je peux vous assurer que vos résultats au stand ne se retrouveront pas lors d'un acte de légitime défense où vous serez en situation de stress intense. Il en va de même pour les sports de combat.

Un seul mot compte : l'humilité.

4

Nouveau dans un quartier dangereux

Concernant la montée de la violence dans notre pays, la géographie compte aussi. Ou plus exactement l'urbanisme. Lorsque la cité de la Grande Borne sort de terre en 1971, Émile Aillaud, son architecte, chantre du logement social, est ainsi persuadé d'avoir créé une « ville civilisée » composée « de lieux – places, replis, impasses – assez réduits pour que les jeux, les voisinages restent à l'échelle d'affinités humaines ».

Et c'est vrai !

Rien à voir avec les ensembles de banlieue de l'époque. Les immeubles sont bas, longs, serpentent et sont construits autour de places où l'on ne peut circuler qu'à pied. Cette cité qui se voulait idyllique souffre cependant d'un grave défaut, elle est enclavée, complètement isolée de la ville. Ses habitants attendront trente ans pour qu'enfin un pont leur permette de traverser l'A6 afin de les relier au centre de Grigny. C'est trop tard ! Véritable piège à flics, le quartier est devenu le paradis des trafics de toute nature.

Et c'est ici que Lucas a posé ses valises. Le choc est rude. Admis à l'université d'Évry, il a cherché en vain un logement abordable à proximité de la fac avant de dénicher ce studio au nord de la Grande Borne.

Chaque jour il est confronté à un dilemme, soit parcourir à pied les quatre kilomètres qui le séparent d'Évry, soit prendre un bus dont l'arrêt se trouve dans la cité. Il pourrait aussi opter pour la stratégie de l'évitement, choisir un itinéraire de contournement qui lui coûterait quelques kilomètres de plus. L'évitement, une tactique employée également dans les rapports sociaux entre les habitants. Pourquoi ceux-ci n'accusent-ils jamais directement les jeunes qui sont en bas de l'immeuble et qui sont responsables des dégradations ?

Lucas n'évite pas. Il décide de traverser une partie de la cité à pied. Aucun vêtement de marque, ni montre ni bracelet. Son allure : pas celle d'une victime, mais il va néanmoins la jouer modeste sur le parcours.

Dès qu'il sort de chez lui, c'est le coup de pression. Son immeuble n'est pas sous l'emprise des dealers, mais plus il s'enfonce dans les rues plus il perçoit que dans la cité, ce sont les caïds qui font la loi. Ici des chaises vides, celles des guetteurs, là une banquette dans un hall, le point chaud du deal. Cela fait bien longtemps qu'ils ne se cachent plus.

Bizarre, je ne croise personne, se dit-il. Normal, les lascars n'embauchent pas à l'aube blême.

Il y a quelques personnes qui patientent à l'arrêt de bus. Ceux-là vont au taf. La cité, ils la possèdent, ils n'en ignorent aucun piège. Lucas sent que les regards sont méfiants. Une fille arrive, l'oreille vissée à son smartphone, bientôt rejointe par une copine.

– Wesh [salut] c'est ton shab [pote], à l'autre bout ? demande celle-ci.

– Putain, y m'bat les couilles, ce bâtard ! Un vrai

crevard ! [Toujours à réclamer quelque chose], lâche-t-elle en rangeant son portable.

Ah ouais, quand même ! songe Lucas en grimpant dans le bus…

NOS CONSEILS

Pour éviter les ennuis dans un quartier dangereux, il vous faut adopter les règles de vie de ses habitants. Les militaires appellent cela « faire FOMEC ». Ce sigle, qui signifie « Forme, Ombre, Mouvement, Éclat, Couleurs », décrit le b.a.-ba du camouflage. Vous n'êtes pas de la cité, mais il est nécessaire de faire croire que vous en êtes !

1. **L'attitude :** partez tôt et revenez tôt du travail, faites semblant d'avoir l'esprit occupé, de savoir où vous allez. Hésiter sur une direction à prendre, c'est montrer que vous êtes un intrus.

2. **Le dress code :** survêtement ou vieux jean, sweat, casquette, sac à dos. Pas ou très peu d'argent sur vous. Oubliez les écouteurs sur les oreilles, soyez attentifs aux bruits de votre environnement. Si vous pensez que le fait d'avoir des oreillettes vous protège, choisissez-en de faible prix et ne mettez pas le son !

3. **Le choix du terrain :** préparez vos itinéraires, évitez les zones désertes et les points de deal.

4. **Votre comportement :** Les guetteurs ne sont pas assis que sur des chaises, beaucoup tournent en scooter. Au prix où les dealers les rémunèrent, entre 50 et 80 euros la journée, ils ont intérêt à être performants, rien ne doit leur échapper. N'ayez pas un comportement suspect, type fouineur, ou vous deviendriez une cible.

Pour les jeunes des zones sensibles, l'ennemi, c'est la cité d'en face et les flics. Répondez franchement aux questions, mais sans arrogance. Refusez systématiquement la bagarre : « On est du même quartier, pourquoi je me battrais avec toi ! »

Le danger vient avec le soir. C'est l'heure du coup de feu pour le « bizness » : la came et les bagnoles. Et cette économie parallèle dont il faut soigneusement se tenir à l'écart nourrit beaucoup de monde. Ici, on ne voit rien, on ne sait rien, donc on ne dit rien ! Rentrez-vous ça dans le crâne ! Dès qu'ils se seront habitués à vous, ils vous foutront la paix. En attendant, vous qui n'êtes pas né ici, vous êtes l'étranger.

À l'arrêt de bus, repérez les gens qui vont dans la même direction que vous et suivez-les. En dehors de vos heures de déplacements, ne traînez sous aucun prétexte dans la cité sous peine de devenir suspect. Les week-ends, restez chez vous ou fuyez le quartier dès le vendredi soir pour n'y rentrer que le lundi matin.

5. La police : la configuration des lieux de beaucoup de cités oblige les forces de l'ordre à laisser leurs véhicules à l'extérieur et à patrouiller à pied. Il suffit de peu de chose pour que la présence policière dégénère en émeute. Dans beaucoup de quartiers, des armes de circonstance sont prépositionnées sur les toits : cocktails Molotov, boules de pétanque, oranges maintenues dans des congélateurs, frondes tirant des M&M's ou encore mortiers d'artifice. Les festivités ne commencent généralement pas avant 17 heures, moment à partir duquel il vous faut impérativement éviter de vous retrouver au milieu d'un attroupement. En cas de baston généralisée, l'effet de groupe joue à fond et la violence s'y exprime sans retenue. La haine du flic est telle que le discernement n'a plus cours.

Malheur donc à celui qui tombe entre les mains d'une bande dont il ne fait pas partie. Même si vous êtes un fervent pratiquant des sports de combat, vous n'êtes pas de taille à vous mêler, de près ou de loin, à un règlement de comptes. Ne jouez pas les bons samaritains lorsque les couteaux ou les kalachnikovs sont de sortie.

Il faut donc être à l'affût du moindre incident qui pourrait déchaîner un déferlement de haine : arrestation d'un dealer, affrontement entre des jeunes et des policiers, etc. Dès que vous êtes en possession d'une information de ce type, restez chez vous ou fuyez la cité.

Ayez toujours à l'esprit que dans ces quartiers, les gens sont solidaires et s'entraident pour survivre. Lorsque dans la nuit du 15 au 16 décembre 2022, un incendie a détruit un immeuble dans le quartier populaire du Grand Mas à Vaulx-en-Velin, tuant dix personnes dont quatre enfants, un élan de solidarité s'est propagé dans toute la ville et aux alentours. Des dons spontanés ont afflué de partout, en particulier en provenance de familles modestes. La majeure partie des habitants n'ont pas d'autre choix que d'habiter là et vivent du fruit de leur travail. Ils méritent le respect. Si vous leur dites bonjour, si vous portez les courses de la vieille dame, ils vous accepteront peu à peu. Ils peuvent devenir vos alliés si un jour des lascars vous cherchent des noises.

5

Face à un chien agressif

Elle n'a pas froid aux yeux, Manon, pour ses douze ans. Quand on est une gamine de la campagne, fille d'agriculteurs de surcroît, il vaut mieux ne pas être empotée. Lorsqu'elle descend dans la cuisine le matin, les parents sont à l'étable. Elle prépare son petit-déj, bol de chocolat fumant, tartines de beurre et de confiture. Il est six heures et demie et dans quarante-cinq minutes, elle doit être à l'arrêt du bus qui l'emmène au collège.

Un chemin qu'elle parcourt seule. Huit cents mètres à se taper deux fois par jour, qu'il vente ou qu'il pleuve. La ferme étant la dernière du village, la petite route communale est déserte. Elle n'a jamais eu peur, Manon, même en passant au carrefour du calvaire, dont les anciens disent qu'on peut y croiser des monstres.

Le monstre, c'est à la tombée de la nuit qu'elle va le croiser.

– Dépêche-toi de rentrer, il ne va pas tarder à neiger ! lui crie le chauffeur en fermant les portes du bus.

Le bruit du moteur s'estompe peu à peu, la laissant seule sous l'éclairage blafard d'un lampadaire rachitique et le silence d'un soir de décembre. Elle n'a pas peur ; ce chemin, elle en connaît tous les recoins par cœur.

D'ailleurs, les lumières du village et de la ferme familiale qu'elle aperçoit au loin la rassurent.

C'est en arrivant près du calvaire qu'elle l'entend avant de le voir. Un grognement sourd qui grossit au fur et à mesure qu'elle s'approche. La lune peine à éclairer le molosse au pelage noir qui lui barre la route. Les chiens, elle en a l'habitude, ils ont un épagneul que son père emmène à la chasse. Mais bien que Tiko n'ait rien de comparable avec l'animal qui lui fait face, Manon adopte le même comportement qu'à la ferme.

Elle s'avance, en ouvrant les bras.

– Eh bien, mon gros ! Tu vas me laisser…

En trois bonds, le chien est sur elle. Son assaut est d'une telle violence qu'elle tombe à la renverse. Les babines retroussées, animé par une rage folle, il se prépare à la déchiqueter. Mais arrêtons-nous un instant et imaginons un tout autre scénario…

Les chiens, elle en a l'habitude, ils ont un épagneul, Tiko, que son père emmène à la chasse. Depuis qu'elle est toute petite, elle aime le caresser. Et à chaque fois, sa mère en profite pour la mettre en garde. C'est sa voix qui résonne dans sa tête : *Manon, tous les chiens ne sont pas comme Tiko. Si tu en croises un gros – ou un loup, qui sait ! –, ne le regarde pas dans les yeux, n'agite pas les bras, ne crie pas et ne montre jamais que tu as peur.*

Le monstre a les poils qui se hérissent, les oreilles qui viennent de se rabattre sur la tête, ses babines sont retroussées, ses crocs sont apparents et son corps est tendu. Manon lutte pour dissimuler son angoisse. Fuir ? Mais en trois secondes, l'animal serait sur elle. Et pour aller où ? Il lui barre l'accès au village. Son instinct de survie lui commande de glisser un pied derrière elle et de faire un pas en arrière. Elle continue à le regarder du coin de l'œil tout en tentant de refréner l'irrésistible envie de hurler qui s'est emparée d'elle. *Si je crie, en bas à la ferme, ils vont m'entendre !*

Elle recule de nouveau d'un pas. Sa chaussure bute sur une pierre qu'elle ramasse en se baissant lentement. Le chien, lui, n'a pas bougé, ce qui la rassure. Manon est déterminée, car elle sait qu'il peut la tuer. Des histoires d'enfants blessés gravement ou même laissés pour morts par des chiens, il en court à travers la campagne. Elle serre fort dans sa main le gros caillou. S'il attaque, elle se défendra. Brusquement, le voilà qui tourne la tête. Dans la nuit, une voix s'élève. Celle de son père qui s'inquiétait de ne pas la voir rentrer de l'école. En découvrant la scène, il comprend le danger immédiatement.

– Ne bouge surtout pas, Manon ! Je m'en occupe ! lui dit-il sans hausser le ton.

Il a ramassé un morceau de bois qu'il garde collé au corps et il évite de défier l'animal, ne se plaçant pas pile en face de lui, mais légèrement hors de l'axe de son regard. Puis sans élever la voix, il interpelle Manon.

– Je fais le tour et je viens près de toi. Ne le fixe pas, fais comme s'il n'existait pas.

Manon voit son père contourner le molosse qui lui lance un regard distrait.

– Allez, on recule lentement tous les deux, lui souffle-t-il.

Le chien reste immobile, planté au milieu du carrefour du calvaire, comme s'il défendait ce bout de territoire face à une direction précise. Le père de Manon l'a observé attentivement, guettant un relâchement de l'animal.

Ensemble, ils prennent un sentier qui contourne largement le calvaire avant de rejoindre enfin la ferme. Manon ne peut s'empêcher de jeter de temps à autre un regard anxieux derrière elle.

– Ne t'inquiète pas, ma grande, demain je viendrai te chercher. Il faut que je trouve le propriétaire de ce chien et que j'aille lui parler.

LES CONSEILS D'ATON

Face à un chien agressif, retenez les conseils d'Aton, lui qui est intéressé par la cynophilie et a tiré profit de son expérience acquise auprès des chiens du GIGN et de leurs maîtres.

Tout comme un être humain, un animal a ses propres émotions. Lorsqu'il se sent agressé, il peut, comme nous, devenir violent.

– Face à un animal, il est parfois difficile de savoir où planter son regard. Commencez par porter le vôtre au loin.

– Vous pouvez tenter de lui parler fermement. Observez ses réactions. Donnez-lui un ordre avec détermination. Lorsque vous lancez cet ordre, vous devez être parfaitement immobile, c'est la règle de base. Si on parle à l'animal, on n'avance pas ! S'il obéit, cela montre qu'il a été domestiqué et qu'il vous écoute. Pour autant, ne prenez aucun risque. S'il vient vers vous en ayant l'air de vouloir jouer, prudence ! Essayez de trouver un bâton ou un objet que vous lancerez au loin. S'il part le chercher, éloignez-vous aussitôt en reculant. Dans tous les cas, faites au mieux pour dissimuler votre peur.

– Gardez les bras le long du corps. Les agiter pourrait le conduire à tenter de les mordre.

– Ne fuyez pas. Il sera sur vous avant que vous ayez fait trois pas.

– Observez son attitude afin d'essayer de comprendre son comportement. L'homme debout a une position naturellement dominante vis-à-vis du chien, du fait de sa hauteur. On a instinctivement peur de ce qui est plus grand que soi ; pour le chien, c'est la même chose. Les spécialistes qui veulent amadouer un animal se mettent à sa hauteur.

– Prévoyez le pire. Essayez de récupérer une pierre ou mieux, un bâton.

– S'il vous attaque, défendez-vous avec énergie, car votre vie est en jeu, les morsures d'un chien peuvent se révéler mortelles. Tapez sur le museau, sur le côté de la mâchoire ou sur les parties génitales de l'animal et tirez les oreilles. Évitez de leur taper sur le crâne qu'ils ont en général solide ou de lui tirer la queue au risque de l'exciter davantage.

– Enlevez un vêtement que vous tiendrez fermement à deux mains. Un chien joueur viendra mordre dedans et s'acharnera dessus. Profitez-en pour fuir, toujours à reculons. Un chien abandonne facilement une cible au profit d'une autre.

– Dans la pire des situations, vous pouvez lui présenter votre bras faible, coude en avant. Il va mordre dedans, frappez-le alors de toutes vos forces sur les flancs.

– Si l'animal vous fait chuter, roulez-vous en boule en protégeant vos parties vitales : face, gorge, torse, parties génitales, avec les bras.

– Consultez immédiatement un médecin après l'attaque. Faites le point avec lui des injections qui pourraient être nécessaires : tétanos, rage. Si les blessures sont bénignes, arrêtez les écoulements sanguins en compressant la plaie et désinfectez-les ensuite soigneusement. Dans tous les cas, il est recommandé de consulter un médecin.

– Tentez de contacter le propriétaire car celui-ci peut être de bonne foi (son chien lui aura échappé) et demandez-lui de prendre des mesures afin que cela ne se reproduise plus. Si celui-ci ne veut rien entendre, allez déposer plainte au commissariat ou à la gendarmerie avec le certificat médical du médecin.

Ce qui est valable pour les chiens l'est aussi pour les loups, qui peuvent également se révéler encore plus dangereux car ils évoluent en meute.

Ils ne sont d'ailleurs pas les seuls.

6

L'adolescent difficile

Il porte beau, Hugo ! Entre son bonnet Stone Island, sa doudoune Corvidae et ses baskets Jordan 4, on peut dire qu'il présente bien. Son besoin d'être connecté en permanence – des fois qu'il raterait la dernière vidéo de Julien Tanti, son influenceur favori sur TikTok – impose qu'il soit équipé du dernier iPhone et de l'Apple Watch qui va avec. Quand il met le pied dehors, il balade avec lui plus de 2 000 euros en fringues et quincaillerie ! Après tout, il fait ce qu'il veut, c'est son fric ! Ben non, ce n'est pas le sien, vu qu'il a à peine seize ans et que son turbin à lui, c'est le lycée ! Et là comme ailleurs, c'est la Bérézina – mais ne lui demandez pas ce que c'est, il a décroché depuis Vercingétorix !

À la maison, c'est cuit depuis longtemps. Après un divorce, sa mère a bien essayé de faire face. Comme les élus des cités sensibles, elle a tenté d'obtenir la paix sociale. Et pas qu'un peu ! Hugo, il ne vit pas dans les favelas, pensez donc ! C'est un pur produit du 9-2, Neuilly ! On ne peut pas dire que ça sent la sueur et le cambouis dans cette partie de l'Ouest parisien. Gâté, pourri, le fiston ! Pour lui prouver tout son amour, Maman n'a pas hésité à passer des heures à poireauter sous la flotte devant le magasin Apple pour lui acheter son iPhone afin qu'il soit au pied du sapin.

Mais l'exercice a ses limites, car il s'en fout, l'ingrat ! L'enfant-roi de la sortie de l'enfance, celui que l'on prétend HPI (« haut potentiel intellectuel », c'est mieux que de dire aux copines : « Mon gamin fout le bordel dans ma vie ! »), se transforme à vue d'œil. Il s'est d'abord révélé un redoutable manipulateur avant de devenir cet adolescent qui se montre chaque jour un peu plus violent.

Et là, la donne change. Le discours maternel qui tente de trouver une explication à tout ne suffit plus. Et ce n'est pas faute d'avoir essayé. Elle a consulté des psys – sans lui bien sûr, il s'y refuse en lui disant : « Le problème, c'est toi ! » Elle a parcouru en long et en large sur internet les sites spécialisés sur les diverses questions de l'adolescence, sans jamais y lire un début de réponse.

En désespoir de cause, elle lui cherche des excuses : la séparation, pas d'homme à la maison afin de faire preuve d'autorité, un peu comme si c'était elle, la coupable. La discussion, il la fuit. « Tu me saoules, avec tes conneries ! »

Aujourd'hui, elle est arrivée au bout du chemin. Lui, en revanche, il est sur la pente ascendante. Et il ne compte pas s'arrêter en route !

Ce matin, c'est la découverte du premier joint. Un truc qui ressemble à un mégot, mais qui n'en est pas un. Des experts de plateau vous diront que ce n'est pas bien grave…

– Hugo, tu peux m'expliquer…

– Je dors, c'est dimanche, fais pas chier…

– Sors de ta chambre ! Je veux que l'on en parle !

– Va plutôt parler à ton plan cul sur Tinder !

– S'il te plaît, Hugo !

Même en allant brûler des cierges à Lourdes, il devient difficile de ramener Hugo dans le peloton.

Quelques-uns de ses congénères franchiront le seuil de l'agression verbale pour passer à la violence physique intrafamiliale. Confrontés à un milieu scolaire souvent dur, lui aussi, ils transposent à la maison les règles qui prévalent à l'extérieur. La pratique intensive des jeux vidéo et des réseaux sociaux qui virtualisent cette violence amplifie le phénomène. De tout temps, il y a eu de la tension dans les cours d'école et aux abords des lycées. On en profitait pour vider la querelle avec le cafteur de la classe ou pour montrer qui était le patron à la récré. Mais quand nous prenions le chemin de la maison, c'était fini jusqu'au lendemain. Aujourd'hui, cette tension, les ados l'endurent H24. À peine arrivés dans leur chambre, ils ouvrent leur écran pour harceler les petits copains ou au contraire subir la hargne de leurs *haters* (« haineux » dans le langage du Net).

Il ne leur reste ensuite qu'à passer à la violence extrême. Celle qui consiste à vouloir supprimer l'autre. Tout est prétexte à la castagne. Il arrive que cela parte d'une légende urbaine, les jeunes de telle cité en auraient molesté un de celle d'en face, voilà dix ans. Et depuis, si l'on se croise, c'est la baston, parfois à mort ! Confrontés à un juge, ils répondront que personne ne leur avait dit que c'était mal de tuer !

Mais il se peut que ce soient les parents qui fassent les frais des premiers coups. Et n'ayez aucune illusion, aucun milieu social n'y échappe. Dans les beaux quartiers comme dans ceux que l'on dit défavorisés, des gamins tartinent joyeusement de gnons le visage de leur maman pour une simple remarque. À qui la faute ?

Inutile de culpabiliser les familles monoparentales ou celles qui, persuadées de bien faire, ont toujours tout cédé à leurs enfants. Telle la mère d'Hugo qui se saigne aux quatre veines pour s'acheter un semblant de paix à la maison.

Alors, pour Hugo, c'est perdu ? L'espoir est mince, mais il est permis. Nos expériences respectives nous ont amenés à réfléchir sur le sujet et à l'aborder sans idée préconçue.

De mon temps, direz-vous, on se prenait une bonne claque et on marchait droit. Eh oui, de mon temps… À la moindre incartade en classe, le prof nous filait un coup de règle sur les doigts, et quand notre père découvrait notre carnet de notes, il y rajoutait souvent un coefficient multiplicateur sous forme d'une gifle musclée.

Ces temps-là sont révolus mais, comme seule la société française sait le faire, nous avons renvoyé le balancier à son autre extrémité. Les événements de Mai 68 nous ont fait passer de l'autoritarisme absolu au tout-permissif. Alors aujourd'hui, on paye !

Nos pistes de solutions

Revenons à l'exemple d'Hugo. Si un jour sa mère le sent un peu plus proche d'elle, elle peut lui demander que tous les deux couchent leurs états d'âme sur le papier. Elle écrira ce qu'elle pense avoir raté avec lui, pendant que de son côté il fera la liste de ses comportements odieux. Cela fait, ils détermineront ensemble l'attitude que chacun doit adopter vis-à-vis de l'autre en fixant un certain nombre de règles.

Si le dialogue est rompu entre vous et votre enfant, il vous faudra en passer par un tiers. Vous opterez pour quelqu'un qu'il a toujours respecté ou une personne dotée d'une autorité naturelle et en qui il a confiance. Si c'est possible, laissez votre ado choisir son interlocuteur.

Charge à cet interlocuteur de créer un lien avec lui. L'idéal serait d'avoir sous la main un ami qui s'approche de son modèle, si toutefois il en a un. Hier, nos inspirations étaient guidées par les réussites scientifiques, cinématographiques ou sportives dont les auteurs s'inscrivaient dans la durée et dans l'Histoire. Aujourd'hui, les médias surgonflent des « exploits » éphémères qui n'en sont pas. Nos jeunes vénèrent une fille et un garçon qui sirotent un cocktail à l'arrière d'un yacht en baie de Dubaï et leur demandent d'acheter des babioles inutiles. Le paraître et la possession facile ont pris le pas sur les succès dus à l'effort et au travail. Il est possible que ce premier entretien se heurte à un semi-mutisme de l'adolescent, mais le dialogue aura été amorcé. Il sera parfois plus facile pour lui de se confier à une personne extérieure au foyer.

Il y a cependant un point de non-retour. La violence physique à votre égard, dissimuler de la drogue dans la maison sont des actes inacceptables. Il sera certainement très pénible pour vous d'agir, mais votre main ne doit pas trembler. Si vous passez sur de tels comportements, que vous les couvrez, vous vous précipitez vers un enfer dont il vous sera difficile de sortir.

Face un adolescent qui se drogue et qui vous frappe,

une seule solution : allez déposer une plainte que vous pourrez retirer s'il prend conscience de la gravité de ses actes. Dans le cas contraire, maintenez la plainte et soyez forte. Faites-vous aider de personnes extérieures, un autre jeune qui pourrait avoir une bonne influence sur lui ou des professionnels. Une fois encore, vous avez fait de votre mieux et un échec n'est pas définitif. Il est arrivé que des adolescents fautent sévèrement et se reprennent ensuite. La rédemption est parfois très longue à venir, elle peut se faire attendre des années. Certains ne réalisent ce qu'ils ont fait subir à leurs parents que lorsqu'ils le deviennent à leur tour. N'oubliez pas que l'éducation que vous lui avez donnée rejaillira un jour.

Il est facile pour certains de dire qu'à la maison, ce sont les parents les patrons. Lorsqu'on est une mère célibataire qui rentre chaque soir crevée du boulot, on n'a ni l'envie ni le temps de s'engueuler avec son enfant. Pour lui, vous n'êtes plus la réalité. La réalité, c'est TikTok et les réseaux sociaux et il va être difficile de le faire changer d'avis. Voici quelques idées que nous avons mises en pratique.

Un chemin de vie

Entre deux et six ans, votre enfant va se lancer dans de multiples aventures, guidé par l'envie de savoir ou tout simplement d'imiter. Dans cette période, il est important qu'il comprenne qui vous êtes pour lui. Quelle marge de manœuvre vous lui laissez pour mener à bien ses petites expériences !

Ainsi, ne confondez pas la prudence avec la précaution. Celle-ci consiste à tout lui interdire, la prudence se résume à la mise en garde. Lui approcher la main d'une bougie pour lui faire percevoir les dangers de la flamme est préférable à une interdiction de s'approcher, qu'il contournera dès que vous aurez le dos tourné. Accompagnez-le dans ses découvertes. Les petites blessures ne sont pas rares dans cette tranche d'âge et c'est normal ! Ne dramatisez pas. L'expérience est enrichissante si elle est pleinement vécue.

C'est aussi le moment de l'aider à vaincre ses craintes, car elles ne sont pas encore installées. Peur du noir, de l'eau, etc., faites-lui part de votre expertise. Surtout, ne lui transmettez pas les vôtres, ni vos croyances ! Certaines se lèguent de génération en génération, dit-on parfois.

Les relations avec les camarades de classe, les devoirs scolaires et quelques responsabilités structureront sa vie. À cet âge, de six à douze ans, l'enfant n'est plus naïf et il commence à se faire son propre avis sur ce qui l'entoure. L'adulte pourra donc le guider en lui suggérant les choses et en le conseillant. C'est un moment où il se posera beaucoup de questions sur lui-même, sur les autres, sur les injustices et tout ce qui le touche.

L'écouter et le laisser s'exprimer lui permettra de prendre sa place dans le monde. Plus il se sent libre de vous parler et plus il vous en dira. Si punition il y a, elle sera comprise si elle est méritée, équilibrée et accompagnée d'explications.

Plus tard, l'ado délimite son intimité. Il partagera moins et souhaitera décider par lui-même. À nous, parents, de savoir nous faire entendre avec subtilité. Proposez plutôt que d'imposer. Un jeune est en pleine conscience (à partir de treize ans aux yeux de la justice), il devra donc prendre ses responsabilités et en assumer les conséquences.

C'est le moment pour lui d'intégrer une équipe de sports collectifs et s'il en est d'accord, de servir au profit de la communauté, par exemple dans une unité de jeunes sapeurs-pompiers volontaires. Cela lui inculquera le sens de l'engagement tout en lui donnant le goût du risque et de l'effort.

Dans cette période, n'hésitez pas à partager avec lui vos victoires, mais aussi vos défaites et vos erreurs. Faites-le bénéficier des enseignements que vous tirez de vos échecs. Attention ! Un adolescent peut donner son avis, son ressenti, mais en aucun cas il ne doit manquer de respect à ses parents en les jugeant ou en les insultant. Chaque conflit doit faire l'objet d'une table ronde. Participer aux tâches ménagères est un minimum pour un jeune qui vit au foyer. C'est chose normale et essentielle à la vie en collectivité. Plus tôt vous aurez accompagné votre enfant dans son développement, plus facile sera son adolescence.

À présent, parents et ados, méditez le texte qui suit, il est de l'amiral William McRaven, un ancien Seal[1] devenu ensuite patron des Forces spéciales américaines.

Le 17 mai 2014, l'université du Texas, où il avait été étudiant, lui demande de prononcer un discours pour la remise des diplômes de fin de cycle universitaire. L'amiral McRaven choisit de disserter sur le thème « Vous aussi, vous pouvez changer le monde ». Pour argumenter sa causerie auprès des élèves, il décide de développer dix points clés tirés de sa propre expérience

1. Les Navy Seals sont les Forces spéciales de la Marine américaine, aptes à intervenir en tous milieux, d'où leur acronyme SEAL (*Sea, Air, And Land* : « mer, air et terre »).

militaire. Pour nos jeunes amis « spécialistes de tout et surtout de rien », nous n'en avons retenu qu'un seul. Si vous le suivez, nous sommes sûrs que votre mère nous remerciera !

« Chaque matin de cette formation initiale des Forces spéciales, mes instructeurs, qui à l'époque étaient tous d'anciens combattants du Vietnam, montaient dans nos baraquements et la première chose qu'ils inspectaient était votre lit. Si vous le faisiez bien, les coins étaient carrés, les couvertures tirées bien serré, l'oreiller centré juste sous la tête de lit et la couverture supplémentaire pliée soigneusement au pied de la bannette – c'est le langage des marins pour désigner un lit.
C'était une tâche simple, ordinaire au mieux. Mais chaque matin, il nous était nécessaire de faire notre lit à la perfection. Cela semblait un peu ridicule à l'époque, en particulier compte tenu du fait que nous aspirions à être de vrais combattants, des membres des Forces spéciales durs et rodés à la bataille, mais la sagesse de ce simple geste m'a été prouvée à maintes reprises.
Si vous faites votre lit chaque matin, vous aurez accompli la première tâche de la journée. Ceci vous donnera un petit sentiment de fierté qui vous encouragera à faire une autre tâche, puis une autre et encore une autre. […] Faire votre lit renforcera également le constat que les petites choses dans la vie comptent. Si vous ne pouvez pas bien faire les petites choses, vous ne ferez jamais bien les grandes. Et, si par hasard vous avez eu une mauvaise journée, vous reviendrez chez vous où vous attend un lit qui

est fait – que vous avez fait – et un lit fait vous encourage à sentir que demain sera un autre jour. Donc, si vous voulez changer le monde, commencez par faire votre lit. »

TÉMOIGNAGE DE JEAN-LUC

Comment j'ai construit « mon collectif »

La famille est une communauté et, comme telle, elle a besoin d'un chef. Raison pour laquelle on a affublé l'homme de la maison du titre honorifique de « chef de famille ». Honorifique ? Oui, parce que pour « cheffer » il faut des compétences qui ne s'acquièrent, là aussi, qu'avec l'expérience car il n'y a pas d'école pour se former au poste.

La mienne, d'expérience, a mal commencé. Militaire, absent cent cinquante jours par an, chaque retour était pour moi un chemin de croix sur lequel j'avais souvent des difficultés à me positionner. Peut-on faire preuve d'une intransigeance sans faille vis-à-vis d'une enfant de six ans qui ne vous a pas vu depuis un mois ? On oscille en permanence entre les deux extrêmes, affection et sévérité, mais ce faux équilibre est nuisible pour tous. Nos liens se distendaient et je ne pouvais que constater que je devenais peu à peu une pièce rapportée. Un divorce sanctionna cette première partie de ma vie.

L'armée m'a enseigné l'autonomie. À dix-huit ans, je savais trier le linge – le blanc et la couleur, messieurs, ça ne se mélange pas ! –, le repasser, le recoudre, cirer mes rangers, faire un lit, être ponctuel et suivre une discipline de vie en communauté. Ça, c'est pour le côté pratique des choses. J'ai aussi appris à mener des hommes, à les écouter et à prendre soin d'eux. Avec ma nouvelle famille recomposée, ma fille ayant choisi de rester avec moi, je me suis remis en question.

Collectivement, nous avons défini des règles, le mot est un peu raide, mais je n'en vois pas d'autres, qui ont rythmé la vie familiale.

Pour les enfants :

– Les repas se prennent ensemble et sont un moment d'échange. Pas de téléphones ni de télévision à table.

– Une fois par semaine, nous organisons une soirée commune, on regarde un film, on fait un jeu de société, etc.

– Vous êtes logés, nourris, blanchis, mais surtout vous êtes aimés et choyés, donc vous participez. En individuel : vous faites votre lit, vous nettoyez votre chambre et vous déposez vous-mêmes vos affaires dans le panier de linge sale. Pour le collectif : vous videz le lave-vaisselle et vous mettez la table.

– Vous respectez vos parents donc vous ne mentez pas. Vous avouez vos conneries sur-le-champ sinon la confiance est rompue et il faudra la regagner.

– Dites-vous que les quinze premières années de votre vie sont déterminantes pour les cinquante suivantes. Ainsi, les devoirs et leçons sont une priorité. Ils sont faits le plus tôt possible et non à la dernière heure du week-end ou le dernier jour des congés scolaires. On ne leur a jamais demandé d'être les cadors de la classe, mais d'aller au maximum de leurs possibilités.

Pour les parents :

– Les vacances sont un moment à privilégier. Planifier des activités communes selon votre budget. Ne faites pas de la randonnée pour le simple plaisir de marcher.

Prévoyez des centres d'intérêt le long du parcours de façon à mettre vos enfants face à une petite épreuve qui peut être physique ou culturelle. Le passage d'un col, une via ferrata, une visite de monument ou d'un lieu particulier sont des exemples que l'on peut étendre à l'infini.

Si vous en avez les moyens : canyoning, canoé-kayak, airsoft, spéléologie, parcours aventure, accrobranche, escape game, etc. leur donnent l'occasion de se surpasser. L'idéal étant que vous y participiez aussi. Si vous le pouvez, développez leur sens du collectif en leur proposant des activités comme un boot camp ou en leur faisant faire un stage dans un organisme de type UCPA.

– Soyez un exemple ! Dans un couple, on fait équipe et on se partage le travail. L'homme qui part à la chasse et la femme qui guette le retour du marin sont des tableaux éculés depuis longtemps. Il n'y a pas de tâche ingrate, il faut simplement vous retrousser les manches. Quand l'un des deux a un coup de moins bien, l'autre est là pour prendre le relais. Pas besoin d'avoir été déconstruit pour comprendre ça !

Vous vivez sous l'œil de vos enfants, vous êtes leur premier exemple à suivre. Ils ne vous demandent pas d'être un héros Marvel mais simplement de vous intéresser à eux. Ils se rappelleront toute leur vie votre attitude à la maison et il y a de fortes chances qu'ils s'en inspirent plus tard. L'autorité est naturelle, elle ne s'apprend pas. S'ils vous admirent, ils vous respecteront.

7

Les harcèlements

Il s'appelle Mathis et vient d'avoir quinze ans. Il n'est pas à plaindre, ses parents le gâtent et lui laissent une indépendance totale, vu qu'ils ne sont jamais là en soirée. Depuis un an, il fréquente un club de fitness avec beaucoup d'assiduité, ce qui lui a permis de développer une belle musculature qui, associée à un profil d'Adonis, en fait l'idole des filles du lycée.

Et puis, il a de la repartie, Mathis ! La fréquentation quotidienne des réseaux sociaux lui donne l'occasion d'emmagasiner des phrases toutes faites de type « punch line » qu'il se plaît à sortir lorsqu'il tape la discut' avec ses affidés. Pas grand monde n'a l'audace de lui porter la réplique, on le craint sans trop savoir pourquoi.

Ceux qui le connaissent la ferment. Mathis est un harceleur de la pire espèce. Un immonde petit salopard qui se repaît de la souffrance des autres. Il est non-stop et no limit ! Il démarre tôt le matin au lycée et finit après minuit derrière l'ordi. Il la joue facile, ses victimes n'osent pas se frotter à lui, et tous ses sbires, ses « suiveurs », tremblent à l'idée d'être le prochain sur la liste. Ils savent tous que son but à lui, c'est de détruire celui qu'il désigne à la vindicte.

Personne n'est là pour le raisonner, mais il y a six mois, il a bien cru que la donne allait changer. Après avoir envoyé bouler la fille avec laquelle il sortait, il n'a rien trouvé de mieux que de balancer ses *nudes*[1] sur le groupe WhatsApp du lycée. L'ex a rasé les murs le reste de l'année scolaire. Dire qu'elle en a souffert, le mot est faible. Lui, ça l'a fait bander !

Mais quand un de ses amis s'est enhardi à lui souffler : « Fais gaffe ! Il paraît que son père est un violent, il pourrait t'attendre un soir… », cela lui a brusquement obscurci l'horizon. Il a mis la pédale douce pendant un petit mois, histoire d'assouplir le climat. Mais rien ne s'étant passé, il en a déduit, car il n'est pas con, que son ex s'était tue. Qu'aurait-elle eu à gagner à raconter à ses vieux qu'elle lui avait balancé des photos d'elle à poil quand il le lui avait demandé ? Vu le profil du papa, elle aurait ramassé ! Et les autres, c'est pareil. Personne n'est allé se plaindre, ni à la direction du lycée ni chez eux. Trop honte !

Tiens, le dernier, le petit Léo, en pleine crise d'acné, celui-là ; pour lui, Mathis a organisé un partage des tâches avec sa bande. À ses acolytes, les flots d'injures dans la journée, tandis que Mathis reste en retrait, à la manœuvre. Et le soir, tout le monde se rejoint sur les réseaux, attendant les doigts crispés sur le clavier que Mathis sonne l'hallali.

Léo sait que demain, les insultes qu'il découvre sur son écran lui seront susurrées à l'oreille quand il traversera la cour et les couloirs du lycée.

---

1. Photos de nus prises par un téléphone portable et partagées *via* des messageries sur le Net.

– T'es une pandémie à toi tout seul ! T'as vu ta gueule, le boutonneux ! Tu ressembles à rien !

Au fil des jours, l'anonymat rend forts les minables. Alors, pourquoi se gêner ? On tape plus fort.

– À ta place, je me foutrais en l'air ! Tu peux crever, sale chien !

Ceux qui n'écrivent pas likent joyeusement. Léo, lui, pleure en silence. Il a essayé d'en parler, chez lui, à table, et la réponse de son père a été lapidaire.

– Les réseaux, c'est de la merde ! Donc, tu t'en fous !

Sa mère a bien tenté de remonter la pente en lui demandant comment il allait. Il a préféré esquiver, difficile de leur dire que chaque jour qui passe en fait un peu plus un paria aux yeux de la classe. Car Mathis fait le ménage. Il ne fait pas bon adresser la parole à Léo, sauf si c'est pour lui balancer une vacherie. Et si la violence peut n'être qu'épisodique, le harcèlement, lui, est continu.

Alors Léo encaisse. De nature timide, il devient introverti. Au lycée, les profs le trouvent « bizarre ». Et un soir, la victime de cette haine collégiale a jugé dans sa petite tête de gamin qu'il était arrivé au bout du chemin. Léo s'est suicidé.

Mathis, lui, ignorait que ses quinze ans font de lui un mineur pénalement responsable et que la loi avait changé[1]. Les parents de Léo ayant porté plainte, il écopera de deux ans d'emprisonnement dans un établissement pénitentiaire pour mineurs. À sa sortie, il devra effectuer plusieurs stages et sera suivi par un psychologue.

---

1. Loi 2022-299 du 2 mars 2022 visant à combattre le harcèlement scolaire.

Vous êtes les parents d'un enfant harceleur

Votre enfant exerce une violence à l'encontre d'un tiers et rien n'est en mesure de l'arrêter. Vous ne vous en êtes pas aperçus, pas plus que vous n'avez réalisé son manque d'empathie, dénominateur commun des harceleurs.

Lorsque vous allez apprendre ses agissements, il y a de fortes chances pour que vous les contestiez. Pire, il se peut que vous lui trouviez de bonnes raisons d'agir ainsi. Beaucoup pensent même que cela en fait un « homme », un type qui ne se laisse pas faire ! Priez qui vous voulez pour que la situation ne dégénère pas, car nous venons de le voir, la loi réprime maintenant durement le harcèlement scolaire.

Que pouvez-vous faire ?

Votre enfant applique sans le savoir le principe de Pareto, il y a l'élite et les autres : « L'élite a la capacité d'établir la supériorité sur les autres », disait le sociologue italien. Et lui, se considérant comme l'élite, veut voir les autres, tous ceux qu'il juge pouvant lui faire de l'ombre, en bas de l'échelle.

Pour les autres, ses « suiveurs », assis confortablement derrière les écrans de leurs ordinateurs, croyant être assurés de l'anonymat le plus total, ceux-là, comme leur nom l'indique, suivent la meute lorsqu'elle sonne l'hallali contre l'un de ses congénères. Ce même phénomène, dit « d'individuation », qui prévaut sur les réseaux sociaux, se retrouve dans les mouvements de foule où l'individu, submergé par l'anonymat que procure l'effet de masse, adopte un comportement violent qui n'est pas le sien au quotidien.

Ne croyez pas que l'on trouve les harceleurs dans les familles défavorisées, bien au contraire, même si cela peut néanmoins arriver. Si une personne extérieure vous avertit que votre enfant a ce genre de comportement, ne prenez pas cet avertissement à la légère. Cela vous concerne, vous directement ! C'est vous qui avez la charge de son éducation et son attitude peut avoir des conséquences où votre responsabilité serait engagée. Intéressez-vous à ce qu'il fait.

Fixez des règles d'emploi de son portable, mettez-y des autorisations parentales, bref contrôlez !

Si vous découvrez qu'il est à l'origine du harcèlement, commencez par lui rappeler la loi, froidement. Si vous ne la connaissez pas, vous la trouverez rapidement sur le site vie-publique.fr (Loi Balanant du 2 mars 2022 visant à combattre le harcèlement scolaire). Si, malheureusement, il y a déjà longtemps qu'il est devenu un harceleur, il y a peu de chances que vos leçons de morale lui fassent de l'effet. Il est même probable qu'il les prenne comme une valorisation auprès de ses « suiveurs ».

Il est fréquent de voir qu'un jeune harceleur est un enfant qui s'ennuie et qui a peu de soucis. Il a donc largement le temps de penser à ses victimes, sauf si vous arrivez à contrarier ses projets. Suppression de l'argent de poche et du téléphone va l'obliger à changer. Peut-être même se mettra-t-il à faire des jobs d'été pour compenser sa perte de revenus…

Faites-vous aider. Seul, vous n'y arriverez pas. Comme pour l'ado difficile, faites appel à un tiers en qui vous avez confiance et que votre fils ou votre fille respecte. Entrez en contact avec son établissement scolaire afin de tenter d'évaluer le degré de la violence à laquelle il se livre. Demandez-leur conseil si vous envisagez d'alerter la police ou la gendarmerie qui, s'ils disposent de personnels spécialisés dans l'écoute des enfants victimes de harcèlement, savent aussi utiliser les mots qu'il faut pour mettre un harceleur en face de ses responsabilités.

Les conseils de la puissance publique

Si aujourd'hui des dispositifs sont prévus pour les enfants qui subissent un harcèlement, peu de choses le sont pour ceux qui sont de l'autre côté de la barrière. Voici ce que préconise le site de l'Éducation nationale :

> « *Ne gérez pas vous-même la situation, ne prenez pas contact avec la victime et contactez le numéro vert 3020 "Non au harcèlement". Adressez-vous à la direction de son établissement.* »

Vous êtes les parents d'un enfant harcelé

Il est très difficile de faire dire à un enfant qu'il subit un harcèlement au quotidien. Seuls des signaux à bas bruit peuvent vous alerter, tel un changement de comportement, souvent imperceptible au tout début de l'agression. Il se referme sur lui-même, mange mal, trop ou pas assez, sa joie de vivre a disparu, ses réactions sont à fleur de peau.

Vous allez vous inquiéter et tenter de comprendre. Pour comprendre, il faut savoir. Ses secrets, il y a peu de chances pour que vous les trouviez dans un journal intime, ils sont dans son portable !

Faites un deal avec lui en lui disant que sa chambre est son espace privé et que vous n'y entrerez qu'en cas d'extrême urgence. En échange, demandez-lui à avoir la liste de ses réseaux sociaux et qu'il vous accepte comme « follower », cela afin de pouvoir y lire les commentaires faits sur lui. Les enfants naviguent sur plusieurs réseaux sociaux (YouTube, WhatsApp, Instagram, TikTok, Snapchat, Discord, Twitch), tous reliés entre eux par une même adresse mail. S'il vous donne un seul réseau social, il y a de fortes chances que ce soit une diversion pour vous rassurer.

N'intervenez que si vous constatez que la situation commence à déraper : langage douteux ou changement de comportement tel que décrit précédemment.

Agissez immédiatement, nul ne peut prétendre savoir quelle sera la réaction de votre enfant face à la persistance du harcèlement. Prenez rendez-vous avec les responsables du lycée. Validez ensuite par mail les échanges que vous avez eus en ayant soin d'en conserver la trace. C'est indispensable en cas de procédure judiciaire. Faites consulter votre fils ou votre fille par un professionnel de santé et envoyez le rapport au chef d'établissement afin qu'il connaisse son état physique et mental.

Il est votre priorité et rien ne doit vous arrêter !

N'hésitez pas à consulter le site de l'Éducation nationale :

« Le 3020 est un numéro d'appel gratuit opéré par l'École des parents et des éducateurs d'Île-de-France, subventionné par le ministère de l'Éducation nationale et de la Jeunesse. Il s'adresse aux élèves, aux familles

et aux professionnels témoins ou victimes d'une situation de harcèlement entre élèves.
Le 3018 est le numéro vert national de prise en charge des victimes de cyberharcèlement à l'école. 100 % anonyme, gratuit et confidentiel, il prend en charge des milliers d'appels par an afin d'écouter, d'informer et de conseiller ces publics, du lundi au samedi de 9 heures à 20 heures. »

Hélas, ces conseils risquent de se transformer en vœux pieux. Dans l'institution scolaire comme ailleurs, c'est le règne du « pas de vagues » ; cet état d'esprit, nous l'avons rencontré partout. Imaginez que dans l'armée, lors d'une visite, un chef de corps (officier supérieur commandant un régiment) dise au général venu l'inspecter : « Mon général, c'est le bordel à tous les étages ! » Sa carrière va s'arrêter là, net !

Ce que la hiérarchie veut entendre, et un ministre en particulier, c'est que tout va bien, et pour le second, que sa politique est bien mise en œuvre.

Oh, ils ne nient pas les problèmes, mais ceux-ci, à leurs yeux, ne sont que des épiphénomènes qui doivent et peuvent être traités localement. En d'autres termes : « Démerdez-vous ! » Mais quand un prof fait un rappel à la laïcité et que celui-ci est considéré par des parents d'élèves comme un acte antimusulman, qui croyez-vous que les autorités vont soutenir ?

Lassés, des professeurs et des chefs d'établissement baissent les bras. D'autant plus qu'il n'est bon ni pour une promotion ni pour une future mutation d'être cadre dans un lycée qui connaîtrait des difficultés. Tout le système repose là-dessus : « Pas de problème, mon général ! », pour revenir à la métaphore militaire. Alors on cache, on ment, on met la poussière sous le tapis et on s'assoit sur le couvercle de la marmite en souhaitant ne plus être en poste quand elle pétera !

Tenez, prenez l'exemple du petit Maël (c'est un nom d'emprunt). Depuis 2021, dans un collège près du Creusot, ce gamin subit un véritable calvaire à l'école. Il est la victime d'un harceleur d'une dizaine d'années qui lui pourrit la vie au quotidien. Il est humilié, insulté et frappé à la récré, dans la cantine et même en cours. Au bout de trois ans de ce régime, la famille de Maël demande à rencontrer la directrice de l'établissement et l'inspection d'académie. Quelle a été leur réponse ? « Personne ne peut contraindre l'agresseur à changer d'école. Si vous voulez être tranquille, c'est à vous de partir ! » Voilà le seul conseil que donnera l'Éducation nationale aux parents !

Vous avez l'impression d'être à court de ressources pour résoudre le problème de votre enfant ? Pas tout à fait. Si toutes vos démarches ont échoué et que la situation s'aggrave, il vous reste un ultime recours : appelez la presse. Les médias sont toujours à la recherche d'événements, leur ennemi c'est justement le « tout va bien » !

En face, les institutions ont en horreur que les dysfonctionnements s'étalent au grand jour. Et quand dans le cabinet d'un ministre on découvre ce genre d'incident en épluchant la PQR (presse quotidienne régionale), la crainte est forte de le voir diffusé en boucle sur les chaînes d'info. C'est ce qui s'est passé pour le petit Maël !

Tous les médias ont repris l'information, et dans son émission « Focus Dimanche », sur RTL, consacrée au harcèlement scolaire, le journaliste Mohamed Bouhafsi a évoqué son cas avec Brigitte Macron, qui lui a fait part de sa colère devant la solution prônée par les représentants de l'Éducation nationale.

Lui faisant écho, Sarah El Haïry, secrétaire d'État chargée de la Jeunesse et du Service national universel, a affirmé que « Maël n'a pas à changer d'établissement ». Le 2 mars 2023, les médias nous informent que le harceleur va changer de collège. Ainsi, il aura fallu un combat de trois ans, une surmédiatisation et l'intervention de la première dame pour résoudre un problème qui, voilà quarante ans, se serait réglé localement en trois heures !

Merci le « pas de vagues », les procédures, la technostructure et la perte du sens des responsabilités ! Seuls les suicides d'enfants harcelés semblent interpeller, l'espace de quelques jours seulement, nos décideurs, qui sur ce sujet et bien d'autres agissent souvent en réaction et non en anticipation. Les marches blanches, avec bougies et bouquets de fleurs, s'accompagnent de promesses qui sont, hélas, vite oubliées.

Conclusion : si vous êtes, vous aussi, face à la violence que subit votre enfant, victime de l'inaction des institutions, agissez à l'identique en ameutant la presse. Préparez un dossier béton et tapez fort : les politiques ont horreur que leur inertie apparaisse au grand jour.

Comme disent les artistes : « Faites du bruit ! »

TÉMOIGNAGE D'ATON

Sur le harcèlement scolaire et en ligne

Je n'ai pas un bon souvenir de l'école. En toute honnêteté, j'ai détesté cette période trop longue de ma vie où la méchanceté des autres s'exerçait sur moi dans la cour de récréation au milieu du je-m'en-foutisme le plus absolu des personnels enseignants et des surveillants.

À l'époque, j'étais un garçon un peu naïf, trop gentil, très facile à emmerder. Sortir pour la récré était ma hantise. Plutôt bon élève, je suscitais la jalousie et avec mon air innocent, la haine ! On ne soupçonne pas la cruauté dont peuvent faire preuve certains enfants.

La violence s'effectuait sous forme d'insultes infâmes et de coups vicieux que les « pions » ne voulaient pas voir. Je me souviens de l'un d'entre eux qui ricanait chaque fois que je me faisais gifler par les plus grands. Mes joues rougies par les gnons devaient être en adéquation avec la représentation qu'ils avaient tous de moi. Si même les adultes s'y mettent, à quoi bon se plaindre…

L'avantage des années 1980-90, c'est que le harcèlement cessait une fois rentré à la maison. On faisait bonne figure, on mentait sur l'origine des écorchures et des bleus, juste pour avoir un peu de répit jusqu'au lendemain.

Après quelques cours de karaté et beaucoup de détermination, la donne a changé.

Je me suis contenté de sanctionner tous les harceleurs qui étaient sur mon passage. Mais la violence, c'est aussi la démesure et l'excès. Que croyez-vous qu'il arriva ?

C'est moi qui ai été viré de mon lycée pour violence grave, et comme si cela ne suffisait pas, s'y sont ajoutés quelques soucis avec la justice.

Le harcèlement est odieux par sa lâcheté, mais aussi dangereux par la vengeance qu'il engendre.

En décembre 2018, je quittais le GIGN, fier du travail accompli. Ma joie fut de courte durée. Un livre, une promotion sur les réseaux sociaux, et me voilà pris pour cible par des milliers de *haters*.

J'ai d'abord fait bonne figure en me situant loin au-dessus de la mêlée comme je l'ai dit à mes proches pour les rassurer, mais est venu le moment où le verre déborde. Moi, j'ai posé le genou à terre. À quarante ans, j'ai remis en question toute ma carrière et qui j'étais. Mais cela n'a duré qu'un temps.

Il faut d'abord classifier la source et la valeur de l'information. Rien de mieux pour cette analyse que la méthode du renseignement ! Une source fiable sera catégorisée A et une information vérifiée se verra attribuer le chiffre 1. Un renseignement F20 sera ignoré et traité comme une *fake news*.

J'ai procédé de même avec mes détracteurs. D'où vient le *hater* ? Est-il connu ? Me connaît-il ? La réponse est NON. J'affecte la lettre F à la source. Son commentaire est-il pertinent ? Là encore, c'est plus souvent 20 voire 30 si je tiens compte de l'orthographe…

Je me suis détaché du cyberharcèlement en le confrontant à la réalité des faits.

Internet offre une opportunité aux lâches de cracher leur venin sous couvert de l'anonymat. Une personne de bonne moralité, un « gentleman », s'exprime à visage découvert et elle est en mesure de faire une critique constructive. Plus difficile pour les trolls[1].

Le souci est qu'un adolescent a tendance à se construire sur l'avis des autres. Il est donc primordial qu'il ait des références solides. Malheureusement, internet, par les réseaux sociaux, ne nous montre le plus souvent que des réussites éphémères, édifiées sur le « buzz ». Il est très compliqué pour les parents d'expliquer à leurs enfants que les influenceurs ne gagnent pas autant d'argent qu'ils veulent bien le faire croire et que les jolies montres, les fringues, les voitures leur sont souvent prêtées par les marques.

La valeur d'une personne ne s'achète pas. Privilégiez des inspirations qui durent dans le temps et qui sont remarquables par leurs qualités. Il en existe dans tous les domaines.

Sortez vos enfants du portable, faites-leur rencontrer le monde, découvrir des métiers. Sachez susciter leur intérêt afin qu'ils lisent des livres, ne serait-ce que des mangas. Chaque minute passée hors du téléphone est une minute de gagnée.

Les réseaux sociaux sont comme la cigarette ou l'alcool, ils sont addictifs. Encore une fois, ne tardez pas à consulter un spécialiste, tel un addictologue qui dans ce cas précis pourra réellement vous aider.

Faites faire des activités sportives à votre enfant. S'il est fatigué physiquement, il dormira bien ! Imposez un couvre-feu et vérifiez ! À douze ans, on ne dort pas

1. Un troll est un individu qui poste sur internet des messages destinés à perturber une discussion ou à créer des polémiques. Le terme est tiré de la mythologie scandinave dans laquelle ces créatures difformes et malveillantes habitent les montagnes ou les forêts.

quatre heures par nuit ! Sa santé dépendra de l'attention sincère que vous lui porterez.

Le cyberharcèlement aux yeux de la loi

Il est défini comme « un acte agressif, intentionnel perpétré par un individu ou un groupe d'individus au moyen de formes de communication électroniques, de façon répétée à l'encontre d'une victime qui ne peut facilement se défendre seule » (selon le site de l'Éducation nationale). Le cyberharcèlement se pratique *via* les téléphones portables, messageries instantanées, forums, chats, jeux en ligne, courriers électroniques, réseaux sociaux, sites de partage de photos, etc.

Le harcèlement en ligne est un délit, c'est-à-dire une infraction jugée par le tribunal correctionnel et punie d'une amende et/ou d'une peine d'emprisonnement inférieure à 10 ans. Les premiers responsables sont bien évidemment les auteurs des propos tenus mais également des « intermédiaires » (hébergeurs, fournisseurs d'accès) qui peuvent eux aussi encourir des sanctions.

Si l'auteur est majeur, les sanctions varient en fonction de l'âge de la victime :

- Si la victime a plus de quinze ans, l'auteur des propos risque 2 ans de prison et 30 000 euros d'amende.
- Si la victime a moins de quinze ans, la peine maximale encourue est portée à 3 ans de prison et 45 000 euros d'amende.

Si l'auteur est mineur, les sanctions varient suivant l'âge de celui-ci et les responsables civils sont les parents des auteurs mineurs. Ainsi, ce sont eux qui devront indemniser les parents de la victime.

N'oubliez pas qu'il suffit de quelques clics à un gamin de treize ans pour ruiner votre réputation et qu'il vous faudra certainement plusieurs années pour la rétablir.

Et demain… ?

Beaucoup de spécialistes du « cyber » se déclarent inquiets lorsque l'on évoque les progrès de l'intelligence artificielle (IA). Celle-ci consiste à penser sensiblement comme un humain dans le but de lui être complémentaire. Mais si l'intelligence de la machine ne s'arrêtait pas là ?

Pour que cette IA fonctionne, il lui faut des données et des algorithmes qui singent la mécanique du cerveau.

Son champ d'application augmente de jour en jour. On retrouve l'IA dans les entreprises, dans les armées, dans le domaine de la santé, etc. Quels sont ses avantages ? L'IA est précise et permet des vitesses et des puissances de calcul inégalées. Face à un problème, elle offre davantage de solutions que ne pourrait le faire un être humain. Ce faisant, il est à craindre que peu à peu, cette intelligence artificielle ne remplace à moindre coût certains emplois. D'aucuns imaginent même une alliance des machines contre les hommes ! Intéressons-nous un instant à ce que pourrait être dans un avenir proche l'utilisation de l'IA par des gens malfaisants.

Le *deepfake*, c'est-à-dire le fait de fabriquer un média (vidéo, audio, etc.) identique au réel, permet d'ores et déjà de réaliser des arnaques. Des sommes d'argent ont été versées par des entreprises à des malfaiteurs qui se sont fait passer pour des fournisseurs, voire des membres de leur comité de direction. Du chantage a été exercé sur des personnalités en utilisant des images confectionnées de toutes pièces les mettant dans des situations scabreuses.

Les *fake news* vont se multiplier, venant de sources *a priori* crédibles. Nous ne saurons plus quelle est la réalité et nous ne croirons plus en rien ! Il nous faudra alors croiser et vérifier les informations et ne pas prendre pour argent comptant toutes celles qui vont se répandre sur les réseaux sociaux.

Nous n'en sommes qu'au début, mais si elle n'est pas maîtrisée et réglementée, ce détournement de l'IA va se généraliser. Et sa prochaine cible, c'est vous !

Harcèlement au travail

Dans le service de recherche et développement d'un grand groupe automobile, Pierre occupe un poste à responsabilité. Normal, il s'est investi à fond dans son job, à plus de 300 % disent ses amis.

Complètement habité par la passion pour son travail, il n'hésite pas à participer activement lors des réunions en présence du big boss, en soumettant des propositions d'amélioration de pièces ou d'organisation des tâches. Tout ce qui peut servir l'entreprise est bon à partager, on est une équipe !

Ces interventions répétées commencent à faire de l'ombre à son chef, Lionel, qui voit d'un mauvais œil l'étoile de son subordonné briller chaque jour davantage aux yeux de la direction. S'il aime son job, lui c'est d'abord un épicurien. *Bosser comme un tabayo (fou) jusqu'à pas d'heure, pas pour moi ! J'ai une vie après le boulot ! Mais il faut que je réagisse, car c'est mon poste qu'il vise, l'autre enfoiré !*

Il se trouve qu'il est pote avec le DRH, que l'on surnomme dans les couloirs le Coupeur de têtes, en référence aux nombreux plans de licenciements qu'il a menés à bien dans toutes les boîtes où il est passé.

– Monte un dossier ! lui a dit celui-ci quand il lui a fait part de ses inquiétudes.

– Quel dossier ?

– Tu notes tout ! Heures d'arrivée, de sortie, des repas, son comportement, ses allusions, tout ! Tu laisses passer un moment, puis tu le convoques pour lui faire remarquer les points sur lesquels il se relâche… Ah, tu n'oublies pas de dire à ses collaborateurs qu'il est en train de changer, que tu ne comprends pas son attitude. Ensuite, tu réduiras les délais de mise en œuvre de ses projets !

La machine se met en route. S'il partait effectivement tard le soir, il arrivait chaque jour avec dix minutes de retard, vu qu'il déposait les gosses à l'école.

– Pierre, ce n'est plus possible, j'ai eu des observations de la direction ! Et puis manger un sandwich dans ton bureau, c'est fini aussi ! J'entends des réflexions là-dessus, tu n'imagines pas !

La déstabilisation fait peu à peu son œuvre. Son épouse est la première à se rendre compte d'un changement de comportement de son mari : *À se demander s'il n'a pas une double vie !* Tranquille, Lionel poursuit son travail de sape en interrogeant l'équipe de sa victime.

– Franchement, on est entre nous, vous ne trouvez pas que Pierre n'est plus le même ?

Et les collaborateurs d'acquiescer ! *Parfait, passons à l'étape suivante, la réduction des délais !*

– Tu te rends compte, Pierre ? Cela fait combien de fois que tu rates tes rendez-vous sur objectif ? J'ai l'air de quoi, moi !

Maintenant, Pierre rumine H24. Son couple bat de l'aile et même son pote Xavier lui a conseillé d'envisager une rupture conventionnelle, car les choses ne vont pas s'arranger. Que faire ?

Si le harcèlement est toujours insidieux au début, il n'en est pas moins détectable.

Procédez à l'imitation, montez un dossier dans lequel vous noterez TOUT ! Ce que votre chef ou collègue vous reproche, son comportement à votre égard et celui envers les autres lorsque vous en êtes témoin. Quand il vous fait des observations, exigez qu'il les valide par mail. S'il ne le fait pas, adressez-lui un courriel dans lequel vous reprenez ses propos en le priant de les confirmer. Soyez toujours courtois.

Demandez-lui des entretiens par mail également. Profitez d'un moment où vous êtes seul avec lui pour lui livrer le fond de votre pensée. Mais ne dites pas :

– T'es un gros connard ! Sérieux, tu crois que ta manip à deux balles va marcher, que tu vas me faire craquer, pauvre tanche !

Dites plutôt :

– Je qualifie ton comportement vis-à-vis de moi de harcèlement moral. Crois-moi, on ne va pas en rester là !

Tentez de fédérer les gens autour de vous : « Un jour ce sera votre tour ! » Ce n'est pas une tâche facile, car même si la cause est noble, tout le monde privilégie le frigo familial. Pointez la moindre de ses erreurs, il vous faut alimenter votre dossier. Prenez conseil auprès d'amis, d'un avocat et quand vous estimez que la coupe est pleine, passez à l'action. Demandez un rendez-vous au P-DG et déballez tout ! Votre agresseur joue sur vos scrupules et votre discrétion. Dites-lui que vous allez saisir l'inspection du travail, en général cette proposition amène de la réflexion.

Si vous voyez que vous prêchez dans le désert et même si vous vous refusez à cette dernière extrémité, préparez-vous à déposer plainte aux prud'hommes, les harceleurs n'y sont pas en cour. Doublez-la d'une autre au pénal, dans laquelle vous poursuivez l'auteur du harcèlement, quel qu'il soit.

Que dit la loi ?

Le harcèlement moral est un comportement défini comme un délit à l'article 222-33-2 du Code pénal, passible de 2 ans d'emprisonnement et de 30 000 euros d'amende. L'article L. 1152-1 du Code du travail renouvelle cette interdiction :

> *« Aucun salarié ne doit subir les agissements répétés de harcèlement moral. »*

La loi considère qu'il y a harcèlement moral au travail lorsque les agissements de l'auteur sont « répétés ». Le harcèlement ne définit donc pas une action isolée, mais bien plusieurs actions entraînant une « dégradation des conditions de travail ». Ces comportements sont qualifiés de harcèlement si l'une de ces conditions est remplie :

- ils atteignent au droit ou à la dignité de la personne harcelée ;
- ils altèrent la santé physique ou mentale de la victime ;
- ils constituent une menace pour son évolution professionnelle.

Le harcèlement au travail est une violence qui porte atteinte à votre dignité et qui peut altérer votre santé mentale et physique. Le but ultime de votre agresseur est de ruiner votre carrière. Alors, battez-vous !

8

Menaces… à l'hôpital

C'est le coup de feu à l'hôpital Mignot de Versailles, ce samedi soir. Voilà le cas typique d'un service d'urgences. L'arrivée des résidus de bagarres à la sortie du Pacha, l'une des plus grandes discothèques d'Île-de-France vient d'être troublée par un accident de la route qui a occasionné plusieurs blessés. Florence, une jeune infirmière qui est en charge de l'accueil, se voit contrainte de réorganiser la priorité des soins. Les symptômes grippaux, yeux au beurre noir et autres pifs ou dents cassés se voient aussitôt relégués en fond de tableau. L'urgence est aux blessés graves de la collision routière qui vient de se produire sur l'A13.

Si l'ensemble des patients qui peuplent la salle d'attente comprend ce réajustement, ce n'est pas le cas de tout le monde. Un type au nez tuméfié se lève et commence à brailler.

– Oh ! Ça fait deux heures que je suis là ! Vous n'en avez rien à foutre de ma gueule ! Les autres viennent d'arriver et ils sont déjà en train d'être soignés !

Florence, qui accorde toute son attention aux accidentés, répond sèchement à l'individu.

– Calmez-vous ! Il y a plus grave que vous !

– Qu'est-ce que vous en savez ? Vous ne m'avez même pas regardé !

L'homme s'est levé et marche vers elle. Il la prend par le col :

– Grosse pute ! Tu vas faire ton taf, sinon c'est toi qui vas saigner !

Florence se dégage et court s'enfermer dans la salle de repos des personnels soignants. Elle éclate en sanglots. La porte claque derrière elle, c'est Sylvie, l'infirmière en chef, qui a vu la scène.

– Reprends-toi… On ne dit jamais à un énervé de se calmer, jamais !

– Je viens de me faire traiter de grosse pute !

– Mais non, ce n'est pas une insulte personnelle ! Ce type ne te connaît pas et ce qu'il insulte, c'est l'hôpital. Ne prends pas ça pour toi, sinon tu risques de ne pas tenir longtemps dans ce métier ! Suis-moi !

Elles regagnent ensemble la salle d'attente.

– Tu te mets ici et tu regardes ! lui dit Sylvie.

Elle s'avance vers l'homme, toujours rouge de colère…

– Bonsoir, monsieur, merci de vous asseoir.

Elle sort un carnet de sa poche.

– Quels sont vos symptômes ? Mal au crâne ? Douleurs nasales, dentaires ?

L'homme hésite un court instant avant de répondre aux questions. Sylvie note scrupuleusement ses déclarations.

– Merci pour votre patience. Je fais remonter vos renseignements aux médecins afin d'accélérer votre prise en charge…

L'individu murmure un merci, il a retrouvé son calme.

Sylvie a rejoint Florence.

– Tu as vu ! Cela m'a pris trente secondes. Ce qu'il veut, c'est de l'attention !

Où que vous soyez, si vous êtes membre d'une institution, ne prenez jamais pour vous les insultes qui vous sont adressées. Personnels soignants, pompiers, forces de l'ordre, agents d'accueil à un guichet, c'est l'institution que vous représentez qui est l'objet de l'insulte, pas vous ! Mais parfois, l'agression va beaucoup plus loin que les insultes.

Ce qui m'avait particulièrement choqué, c'est le retard des personnels hospitaliers dans la prise de décision pour réagir à une agression. L'explication vient sans doute du fait que leur vocation profonde est de soigner et qu'il est difficilement concevable qu'un patient en vienne aux mains.

J'ai bien vite compris, hélas, que nos soignants étaient la cible de brutalités infâmes et qu'ils étaient désarmés pour y faire face. On peut remarquer parfois la présence d'agents de sécurité dans les services d'urgences. Une présence que l'on voudrait dissuasive, mais quel est leur véritable domaine d'action ? Légalement, ces agents n'ont pas plus le droit d'agir physiquement que les personnels hospitaliers. Pour un salaire de misère et une absence de considération, il n'est pas question pour eux d'aller jouer les héros. Alors, qui fait quoi ?

Une infirmière m'a raconté qu'un paraplégique lui avait brisé une jambe en la percutant à plusieurs reprises avec son fauteuil ! Face au handicap de son agresseur, elle n'a pas trouvé la force et la volonté de se défendre. Imaginons qu'un agent de sécurité sorte le patient de son fauteuil pour le maîtriser au sol, nous pouvons, sans risque, parier qu'il se retrouvera au tribunal et qu'il sera condamné pour violences sur personne vulnérable. Entre laisser faire ou agir, y a-t-il une alternative ?

Le souci récurrent dans ce genre de situation est que tout le monde compte sur tout le monde pour intervenir. En fait, à s'attendre réciproquement, personne n'agit efficacement. Les agents de sécurité, souvent seuls, pour des raisons budgétaires, sont présents pour faire barrage autant qu'ils le peuvent et pour donner l'alerte. Soigner ? Se défendre ? Maîtriser une personne violente ? Appeler la police ? Que faire ?...

Pour les forces de l'ordre, l'interpellation d'un individu agité à deux ou trois agents permet de le maîtriser en l'immobilisant sans porter de coups, le nombre étant un avantage. Si vous êtes seul et que votre agresseur vous frappe, il vous sera très compliqué de le maîtriser sans que vous ripostiez, même si vous êtes un spécialiste des sports de combat. Cela revient à imaginer un combat de MMA où l'un des combattants aurait droit à toutes les attaques alors que son adversaire doit impérativement avoir le dessus sans lui mettre un seul coup ! Compliqué, non ?

Si on transpose cet exemple dans notre hôpital, nous avons un agent de sécurité, *a priori* seul.

Nous pensons que l'agent doit avoir un rôle de coordonnateur de l'intervention sauf s'il peut isoler le patient en attendant l'arrivée des forces de l'ordre. Il est évident qu'il ne pourra pas agir seul, soignants et sécurité devraient pouvoir faire corps et travailler main dans la main en bonne intelligence. Mais rares sont les directeurs d'établissement qui diront à leurs personnels de santé d'intervenir dans le cadre de la légitime défense en aidant l'agent de sécurité.

Afin de ne pas sombrer dans l'émotion, le personnel

soignant s'impose une distance avec les malades. Il doit faire de même avec un homme ou une femme agressifs.

En 2017, à la suite d'un accident grave en service, je me suis fait opérer des cervicales et depuis je porte une prothèse. C'est ma faiblesse, mon talon d'Achille. M'étrangler ou me frapper la nuque aurait pour moi des conséquences bien plus dramatiques que pour une autre personne. Je me suis donc fixé comme objectif de ne jamais me laisser toucher le cou par qui que ce soit, même pour jouer, au risque de déclencher une réaction brutale de ma part. Je l'ai fait savoir à mon entourage et à qui doit connaître cette situation. Expliquer les séquelles graves d'un geste alors qu'il est en train d'être réalisé est inutile. Depuis 2017, personne ne m'a touché le cou ou la nuque.

Lors de cette formation à la self-défense, je demandais aux infirmières de faire de même. S'imposer une limite ! Un patient ne doit pas les toucher, sous peine de se voir repousser énergiquement. J'ai toujours le souvenir de cette infirmière qui, lors d'un jeu de rôles, m'a laissé mettre mes mains autour de son cou. Elle tentait de « négocier », mais elle ne pouvait plus parler. Je serrais encore et elle a alors compris, mais trop tard, que le temps de sa réaction était passé. J'ai stoppé mon geste juste avant son évanouissement pour créer un choc, un microtraumatisme afin qu'elle intègre le fait de refuser catégoriquement que des mains s'approchent dangereusement d'elle.

Je leur ai alors conseillé de prendre un porte-documents et un stylo pour la prise en charge de malades agités et, dans la mesure du possible, de ne pas y aller seule. Un porte-documents dont l'arête vient percuter une gorge, un stylo, dont la pointe pique une main qui se pose sans raison sur la blouse, peuvent calmer les ardeurs d'un patient qui oublie la mesure.

La priorité étant :

– de comprendre l'agacement du patient, de lui prêter de l'attention afin de faire diversion ;

– de se fixer une limite aux atteintes physiques et verbales ;

– d'éviter de répondre seul(e) à une situation délicate ;

– de se coordonner avec l'agent de sécurité et les collègues disponibles pour donner l'alerte et agir.

Ne soyez donc pas acteur dans une crise violente sans y avoir été préparé. Invitez, dans votre salle de repos, l'agent de sécurité à prendre le café. Échangez avec lui afin de créer du lien, ce qui permettra une meilleure implication de chacun, indispensable pour améliorer la cohésion et la coordination du groupe.

9

Des transports publics à risques

C'est la seconde gare la plus fréquentée de Paris, avec plus de cent millions de passagers par an ; rien d'étonnant à ce que la gare de Lyon soit le théâtre de multiples incidents délictueux. Et s'il est un point d'observation idéal pour mesurer sur l'échelle de la criminalité ce qui va de l'incivilité à l'agression physique, c'est bien la librairie du hall principal.

Hervé y travaille depuis quelques années et, le temps passant, il a constaté une montée en tension du comportement de ses clients. Les coups de gueule pour une revue ou un bouquin que l'on ne trouve pas sont de plus en plus fréquents et l'on frise la baston chaque fois qu'un petit malin tente de se faufiler avant tout le monde jusqu'à la caisse.

Se disant que le pire est toujours certain, et voulant joindre l'utile à l'agréable, il suit depuis quelques mois des cours de krav-maga dans une salle à deux pas de la gare. Même si cela le fait rentrer plus tard chez lui, cette nouvelle activité lui permet de se vider le cerveau en apprenant quelques techniques simples qui pourront le mettre à l'abri d'une mauvaise rencontre. C'est bien ce qu'il craint, la mauvaise rencontre, lorsqu'il prend le RER D chaque soir à 22 heures pour regagner Stains.

Les habitués des métros et des RER vous le diront, méfiez-vous des nuits de pleine lune. Ici, pas de loup-garou, mais des comportements erratiques de quelques individus certainement sensibles à l'alignement des planètes et à la marche des étoiles. Rien de scientifique là-dedans, l'étude des agressions ne démontre aucune augmentation particulière, celles qui sont commises le sont simplement par des hommes qui ne seraient peut-être pas passés à l'acte un autre jour.

Cette nuit de pleine lune, l'atmosphère est lourde sur le quai, presque électrique. Hervé ne tarde pas à remarquer un type qui déambule, le regard vide, et qui, lorsque le train arrive, semble choisir son wagon. Curieux, Hervé embarque avec lui et comprend la situation. La jeune fille assise près de la fenêtre est certainement la raison de son choix. Elle compulse son téléphone sans jeter le moindre coup d'œil au lourdingue qui vient de prendre place à côté d'elle. Hervé s'est bloqué au fond de la voiture et observe la scène. Quand la rame s'ébranle, ils sont six dans le wagon, lui compris. L'autre engage la conversation :

– Bonsoir, mademoiselle, comment tu vas ?

Si l'approche est directe, elle reste néanmoins courtoise. Mais cela ne va pas durer. Devant le silence gêné de la jeune femme, l'abruti insiste, il veut amorcer le dialogue.

– Réponds, sale pute !

Il a lâché l'insulte froidement. Hervé observe les réactions des passagers. Le geek à cheveux longs ne s'est rendu compte de rien, plongé qu'il est dans son portable. Le couple de provinciaux semble gêné. La jeune fille comprend qu'il lui faut réagir. Elle tourne la tête vers l'intrus.

– Lâche-moi, tu veux !

En un éclair, une lame de couteau brille devant le visage de la fille qui se pétrifie.

– Relève ta jupe, salope ! Allez, montre-moi…

Hervé qui n'a rien perdu de la séquence est décidé à tenter quelque chose. Mais seul contre un homme armé d'un couteau, ses chances sont réduites. L'unique ressource qu'il entrevoit serait d'organiser le petit collectif qui peuple le wagon. Il s'approche des deux touristes en s'adressant d'abord à la femme.

– Pouvez-vous appeler la police, discrètement ? Et ensuite vous filmez.

Puis il dit au mari :

– Pouvez-vous l'immobiliser par l'arrière en étranglement ?

– Je veux bien essayer !

– Je crois qu'on n'a pas le choix ! Si on ne fait rien, il va la saigner ! OK, prêt ?

Il fait un signe de tête. Hervé s'avance vers le geek et lui balance une tape sur l'épaule.

– Regarde ce qui se passe, il risque de buter la fille ! Quand on est sur lui, tu lui enlèves le couteau !

L'homme poursuit son harcèlement sans se douter de ce qui l'entoure, il sait, par habitude, que tout le monde s'en fout.

– Relève cette putain de jupe ! répète-t-il en agitant sa lame.

Hervé se présente dans le couloir, les yeux fixés sur l'extrémité du wagon. Il profite du bruit ambiant pour n'être ni vu ni entendu de l'agresseur. Quand il arrive à hauteur du dos de l'individu, il pivote et ses deux mains viennent saisir le bras armé en le tirant vers le sol de l'allée centrale. Le provincial est derrière lui pour aussitôt commencer un étranglement sur la gorge de l'homme. Celui-ci est couché à terre, manquant d'air, sa main immobilisée tient encore faiblement le couteau. Tous les moyens sont alors bons au geek pour récupérer le couteau : torsion du poignet, des doigts, etc.

Ne reste plus qu'à attendre la police. Bien sûr, cela vous semble le scénario idéal, mais réfléchissez quelques instants.

Aller affronter seul un individu qui brandit une lame est un quasi-suicide. Au contraire, l'organisation collective va vous permettre d'intervenir avec un maximum d'efficacité. Il faut simplement qu'une personne prenne le lead et distribue les tâches. Rappelons-les :

– Appeler la police et filmer l'action.

– Déplacement discret pour arriver jusqu'à l'agresseur. En général, celui-ci, obnubilé par ce qu'il convoite, fait abstraction de son environnement.

– Le plus fort saisit à deux mains le bras de l'attaquant en l'enveloppant jusqu'aux aisselles afin d'avoir une prise forte, puis il le déséquilibre en le tirant vers le sol. Il ne lâchera pas ce bras avant la fin de l'action.

– Un second homme étrangle ou frappe à la tête. Le but recherché étant de le mettre KO, les coups seront portés avec une intense détermination. Si deux personnes peuvent occuper ce poste, c'est encore mieux !

– Une autre personne vient alors arracher le couteau. Il faut le faire avec la plus extrême volonté, quitte à casser les doigts de l'agresseur. En pliant le poignet jusqu'à le rompre, la main s'ouvre, facilitant ainsi la récupération de l'arme.

– Il est livré à la police accompagné de la vidéo.

La pratique d'un sport de combat augmente la confiance que vous avez en vous, parce que en vous confrontant à un adversaire, vous connaissez vos capacités. La répétition des gestes techniques vous donne des automatismes et vous fait gagner en assurance.

Dans une agression, le stress laisse peu de place à la réflexion. C'est principalement vos actes réflexes qui vont décider de l'issue de la crise. Lors des missions au GIGN, les opérationnels s'appuient sur des centaines d'heures d'entraînement et de drill[1], ce qui permet à leur cerveau d'être entièrement disponible pour faire face à des situations inconnues.

Un individu non formé et non entraîné devra résoudre une multitude de données qu'il sera incapable de traiter et sera ainsi facilement submergé. Préparez-vous !

1. Drill : exercice répété jusqu'à l'obtention d'un automatisme.

Quel citoyen êtes-vous ?

1. Un groupe d'amis vous invite à faire une sortie en montagne pendant deux jours :

A. Vous faites confiance à l'organisateur et vous venez comme vous êtes.

B. Vous avez une vague idée du nécessaire et vous faites votre sac à dos pour vos besoins individuels.

C. Vous faites une réunion avec vos amis pour participer à l'organisation.

2. La poubelle de votre voisin est renversée sur le trottoir et elle empêche une poussette de passer :

A. Ce n'est pas la vôtre, vous passez votre chemin.

B. Vous sonnez à sa porte et vous l'informez.

C. Vous rangez vous-même sa poubelle.

3. Vous êtes avec un groupe d'amis dans la rue et vous voyez un homme saoul qui tient à peine debout :

A. Vous passez votre chemin de peur qu'il s'en prenne à vous.

B. Vous appelez la police.

C. Vous l'immobilisez et vous appelez la police.

4. Vous êtes en voiture, vous voyez un homme armé d'un couteau qui poignarde des passants. Il traverse devant vous :

A. Vous reculez pour prendre de la distance.

B. Vous stoppez votre véhicule, vous verrouillez les portières et vous appelez la police.

C. Vous le percutez avec votre voiture pour le neutraliser.

5. Vous êtes témoin d'un accident de la route impliquant deux voitures. Un conducteur semble légèrement blessé. Le second automobiliste a l'air de venir à son secours :

A. L'affaire paraît être gérée et vous continuez votre route.

B. Vous vous arrêtez, vous appelez les secours et vous témoignez.

C. Vous avez des notions de secourisme. En lien avec le médecin du Samu au téléphone, vous prodiguez les premiers secours.

6. Vous voyez un homme donner un sachet à un adolescent. Vous n'êtes pas sûr du contenu. Vous croisez une patrouille de police :

A. N'étant pas certain, vous ne dites rien et passez votre chemin.

B. Vous signalez l'homme à la police.

C. C'est votre quartier, vous menez votre enquête.

7. Vous êtes seul et perdu en montagne. Pas de danger imminent et vous avez de quoi boire et manger pour trois jours. La nuit tombe :

A. Vous appelez les secours pour qu'on vienne vous chercher.

B. Vous prévenez un ami et, ne sachant pas construire un abri, vous tentez de regagner une piste malgré la nuit.

C. Vous faites un abri pour passer la nuit. Demain vous prendrez une décision.

8. Un SDF vous demande de l'aider d'une pièce ou deux :

A. Vous prenez vos distances en disant être désolé.

B. Vous lui donnez quelques pièces.

C. Vous allez dans une supérette pour lui payer un repas.

9. En baladant votre chien sur le bord d'un canal, vous voyez un pêcheur tomber à l'eau :

A. Vous criez au secours pour alerter le voisinage.

B. Vous appelez les secours (18).

C. Vous appelez les secours et vous vous jetez à l'eau pour le secourir.

10. Un ami vous propose une initiation au tir dans son club :

A. Vous détestez les armes à feu, vous déclinez son offre.

B. Vous y allez, car cela peut être intéressant.

C. Ça tombe bien, vous envisagiez de vous inscrire !

11. Votre voisin est tombé de son arbre la tronçonneuse à la main. Durant la chute, l'outil lui a sectionné une main. L'homme est conscient, vous appelez les secours et :

A. Vous l'asseyez, la vue du sang vous fait horreur.

B. Vous mettez un tissu sur la plaie.

C. Vous utilisez votre ceinture pour faire un garrot.

12. Vous êtes en voiture, le véhicule devant vous percute un cycliste. Celui-ci tombe inanimé et le conducteur fait un délit de fuite. Il n'y a personne dans la rue. Vous appelez les services d'urgences et :

A. Vous continuez votre chemin.

B. Vous portez secours au cycliste.

C. Vous prenez en chasse le fuyard.

13. Il est minuit et vos voisins font une fête chez eux. Le bruit vous incommode au plus haut point. Vous avez déjà demandé gentiment de baisser le volume, mais vous n'êtes pas écouté.

A. Vous ferez une nuit blanche, ce n'est pas si grave.

B. Vous appelez la police.

C. Vous intervenez sèchement en menaçant d'user de la force si le tapage ne cesse pas.

14. Un homme menace de se défenestrer du onzième étage de votre immeuble. Vous appelez la police et :

A. Vous attendez.

B. Vous tentez de le raisonner.

C. Vous le rejoignez au bord du vide pour vous accrocher à lui.

15. Vous êtes avec votre conjoint au restaurant. À votre sortie, deux hommes alcoolisés vous insultent sans raison et se mettent à vous suivre :

A. Vous ne dites rien, ils finiront par se lasser.

B. Vous retournez au restaurant et vous appelez la police.

C. Vous engagez le combat.

16. La France vient d'entrer en guerre :

A. Vous quittez le pays.

B. Vous restez en France et vous faites de votre mieux pour survivre.
C. Vous prenez les armes pour défendre le pays.

17. Votre immeuble est en feu. Les flammes gagnent votre étage :
A. Vous attendez l'intervention des pompiers.
B. Vous montez au dernier étage pour aller sur le toit.
C. Vous confectionnez une corde de fortune et vous faites descendre un maximum de personnes.

18. Votre voisin est en vacances. Un cambrioleur semble être chez lui :
A. Vous l'appelez pour l'avertir.
B. Vous appelez la police.
C. Vous intervenez pour stopper le cambriolage.

19. À la gare, un homme poignarde des passants au hasard. Vous rentrez du tennis avec votre raquette :
A. Vous fuyez.
B. Vous appelez la police et vous vous cachez.
C. Vous le frappez avec votre raquette.

20. Votre immeuble est un point de deal. Un jour, vous découvrez une kalachnikov dans votre cave :
A. Vous n'y touchez pas.
B. Vous appelez la police.
C. Vous en prenez possession.

21. Le gouvernement organise un référendum pour instaurer un nouveau service national obligatoire :
A. Je suis contre.
B. Je suis pour, mais pas pour tous.

C. Je suis pour et pour tout le monde jusqu'à vingt-cinq ans inclus.

22. Votre enfant fait l'objet d'un harcèlement scolaire redoutable. Il en souffre terriblement :

A. Vous tentez une médiation avec son école.
B. Vous déposez plainte.
C. Vous gérez vous-même la situation.

23. Vous êtes dans une supérette et vous êtes témoin du vol d'une bouteille d'alcool :

A. Vous n'avez rien vu.
B. Vous prévenez l'agent de sécurité.
C. Vous interceptez vous-même le voleur.

24. Votre voisin est un ancien militaire. Il semble prendre beaucoup de mesures pour protéger sa maison :

A. C'est un parano, vous l'évitez.
B. Vous en faites votre ami, on ne sait jamais.
C. Vous vous réjouissez, il est comme vous.

25. Pour un jeu télé-réalité, on vous propose de vous enfermer huit jours dans une pièce vide. Si vous tenez jusqu'au bout dans un état de santé correcte, vous gagnez 100 000 euros. Choisissez votre sac :

A. 500 ml d'eau, un paquet de gâteaux et un livre.
B. 5 barres de céréales et 1 litre d'eau.
C. 3 litres d'eau et un livre.

Résultats à la fin de ce livre…

PARTIE II

CE QUE NOUS DEVONS AFFRONTER ENSEMBLE

1

Les attentats

Terrorisme. Voilà un terme difficile à définir. Pourtant la racine du mot à elle seule, terreur, vaut toutes les explications. Comme l'Hydre de Lerne, le terrorisme a plusieurs têtes et, comme les siennes, elles repoussent sitôt qu'on les coupe… Une bataille *a priori* perdue, désespérée, inégale, dirigée par des petits groupes clandestins convaincus que leur idéal mérite tous les sacrifices, y compris celui de leur existence. C'est cet aspect qui est le plus choquant et qui explique la violence des actions menées : la vie n'est rien, seule la cause compte. Le terrorisme est protéiforme, il s'adapte et évolue pour mieux frapper l'inconscient collectif des sociétés sur lesquelles il va s'abattre.

Les onze attentats commis sur notre sol depuis janvier 2015 ont provoqué la mort de 245 personnes. Depuis le passage au XXIe siècle on estime qu'en Europe c'est plus de 2 500 individus qui ont été victimes des attaques, principalement islamistes.

Il est question ici d'analyser le comportement à adopter s'il advenait qu'un jour vous soyez confronté au terrorisme.

Serez-vous capable d'affronter la peur, le sang, la

souffrance, les visions d'horreur ? Aurez-vous suffisamment de discernement pour savoir quand, comment et avec qui agir ?

Attaque d'une salle de spectacle

Le filtrage et la fouille des sacs ne dissuadent pas les groupes armés. Cela a été vérifié par le passé. En revanche, cela peut suffire à décourager un individu isolé agissant par opportunité.

Une fois à l'intérieur, identifiez immédiatement les sorties et les issues de secours. Évitez les salles équipées de portes de petit gabarit. La gestion des flux en cas de panique exige de larges ouvertures afin d'évacuer dans un temps très court un endroit occupé par des terroristes.

Leurs méthodes d'action sont fluctuantes. Il n'y a donc pas de schéma type, mais deux modes opératoires peuvent se succéder : la tuerie de masse par armes à feu, suivie d'une prise d'otages. Les terroristes, après avoir procédé à un premier massacre, gardent quelques otages dont ils vont se servir comme bouclier humain afin de ralentir l'intervention des forces de l'ordre. L'otage n'est plus une monnaie d'échange, ses chances de survie sont très limitées car il devient un moyen de compliquer l'action des unités d'élite.

Quelle que soit la situation complexe à laquelle vous aurez à faire face, il vous faudra être déterminé, il n'y a pas la place pour les atermoiements. Si vous décidez, avec d'autres, de monter très rapidement une organisation, telle que celle que nous avons vue dans le cas d'une agression dans les transports, vous devrez vous engager à fond.

Tuerie de masse

Dans le cadre d'une tuerie de masse par armes à feu, du temps, vous n'en avez pas ou très peu. Quand les unités d'intervention pénètrent dans les lieux, c'est en général pour compter les morts. Si l'on fait un point moyen de toutes les tueries de masse s'étant déroulées de par le monde, le laps de temps qui s'est écoulé entre l'irruption des terroristes et l'ouverture du feu se situe entre zéro et trois minutes. Celui de l'arrivée des services de police ou des Forces spéciales à l'endroit de l'attentat va de vingt à cent quatre-vingts minutes…

Que pouvez-vous faire ?

Fuyez ! Vous êtes près d'une porte et vous vous estimez assez rapide pour échapper aux tirs des terroristes. La fuite n'a rien de déshonorant, c'est une option qu'il vous faut prendre immédiatement en souhaitant qu'elle n'entraîne pas une basse vengeance sur ceux qui sont restés. En cas d'échec, vous sentirez une douleur aux environs de la colonne vertébrale, vos jambes s'engourdiront et vous sombrerez dans l'inconscience. Résultat de la courte rafale de kalachnikov que vous aurez ramassée.

Organisez ! Il y a une dizaine de personnes assises autour de vous. Vous avez des capacités et des âges différents. Les terroristes armés se déplacent d'un bout à l'autre de la salle en proférant des menaces et des insultes. Deux coups de feu viennent d'être tirés sur un otage. La sidération gagne toute la salle, il est temps de réagir. Profitez du moment où les tirs seront discontinus ou lorsque le terroriste procédera à un changement de chargeur.

– On y va les gars, sinon on va tous crever ici ! Premier temps, vous deux, faites diversion quand il arrive vers vous. Deuxième temps, je lui chope le bras qui tient l'arme et toi, tu l'étrangles par-derrière ! Troisième temps, toi, tu récupères l'arme et tu l'empêches d'appuyer sur le détonateur s'il porte un gilet d'explosifs pendant que je maintiens son bras, toi, tu le cognes à la tête ! On est déterminés, c'est lui ou nous !

Les points clés de cette action sont de maintenir l'arme dans une direction « non dangereuse » et de frapper le terroriste comme vous ne voudriez pas qu'il vous frappe. Il n'aura pas votre pitié ! Défoncez-le ! Faites-lui mal, la mort ne lui fait pas peur.

Qui doit faire cette diversion ? Imaginez que les deux auteurs de ce livre se retrouvent dans cette situation, c'est Jean-Luc qui s'y colle. Pour deux raisons, d'abord, c'est le plus âgé et l'on peut estimer sans risque de trop se tromper que son espérance de vie est inférieure à celle d'Aton. Il semble donc logique que les plus anciens fassent preuve d'abnégation. Enfin, Aton, plus jeune et encore très bien entraîné, a plus de chances de neutraliser le tueur.

Lorsque vous commencez votre action, elle est irrémédiable. Vous devez aller au bout. Si vous pouvez récupérer une arme, faites-le ! La kalachnikov est diablement mortelle. Si l'un de vos compagnons dit : « Je sais tirer ! », donnez-lui l'arme immédiatement. Un mot sur ce fusil d'assaut qui date de 1947. Alors que nous cherchons encore l'arme idéale, l'AK-47 est depuis sa création celle de nos ennemis. Il tombe sous le sens que tous les militaires et les forces de l'ordre devraient être formés à son utilisation ! Ce n'est malheureusement pas le cas. Seules les unités d'élite s'exercent à la manipulation d'armes dites « exotiques » qu'ils sont susceptibles de découvrir sur le terrain.

Si vous arrivez à neutraliser un seul terroriste, vous allez désorganiser le reste de la bande et inverser le rapport de force. L'idéal étant d'intervenir sur l'ensemble des agresseurs simultanément. N'oubliez pas qu'au Bataclan, la neutralisation de l'un des terroristes a stoppé la tuerie de masse.

Vous pensez que cela n'a jamais été fait ? C'est vrai ! Mais d'autres actions qui semblaient encore plus impossibles l'ont été. Qui connaît l'histoire des révoltes dans les camps de concentration ?

À Treblinka et à Sobibor, des prisonniers se sont emparés de haches et de pelles, ont mis le feu au camp, ont ouvert des brèches dans les clôtures et ont fui en tuant quelques gardiens. À Auschwitz, apprenant qu'ils allaient être gazés, plusieurs centaines de détenus se sont rebellés. Quelques-uns ont même réussi à s'évader.

Plus près de nous, lors des attentats du 11 septembre 2001, le vol United Airlines 93 à destination de San Francisco a été détourné par quatre terroristes qui voulaient le précipiter sur Washington. Les passagers se sont révoltés et après trente-trois minutes de détournement, l'avion s'est écrasé au sud-est de Pittsburgh. Il n'y a eu aucun survivant.

Le vendredi 21 août 2015 à bord du train Thalys qui relie Amsterdam à Paris, un homme armé d'une kalachnikov, d'un pistolet automatique et d'un cutter se prépare à commettre un attentat. Il est maîtrisé par trois militaires américains en permission qui ont instinctivement coordonné leur intervention.

Ces gens-là ne voulaient pas être les spectateurs de leur propre mort.

Les organismes officiels ne donnent aucune consigne d'action en cas de tuerie de masse. S'échapper, se cacher, alerter : c'est ce que l'on peut lire sur les sites gouvernementaux. Des fiches indiquant les moyens de prévention à mettre en place sont à la disposition des responsables d'établissement public et de salle de spectacle.

Mais rien en ce qui concerne les tueries de masse, qui sont les plus probables ! L'État ne prendra pas la responsabilité de dire à ses citoyens : « Battez-vous ! » En supprimant le service militaire, il a ôté à une partie de la population le goût du risque, de l'effort et la possibilité d'acquérir des techniques élémentaires. Qui est capable de ramasser une kalachnikov et de s'en servir avec efficacité ? Il fut un temps où les mots « culasse », « extracteur », « fenêtre d'éjection », « percuteur » ou encore « pontet » parlaient à une majorité de Français. Aujourd'hui, ces mots ne sont familiers qu'à une minorité de professionnels.

Si demain vous êtes confronté à ce genre d'événement, et que le massacre commence, que ferez-vous ? Vous n'aurez d'autre choix que celui d'agir si vous tenez à sauver votre peau ou celle du collectif présent avec vous.

Soyez conscient que si vous prenez la décision de résister, et que votre tentative échoue, cela pourra vous être reproché, *post mortem*. En revanche, si elle est couronnée de succès, vous serez tous des héros : « La victoire a cent pères mais la défaite est orpheline »…

Conduite à tenir en cas de prise d'otages

Ne cherchez pas à entrer en contact avec les terroristes. La négociation est un métier et vous n'y êtes pas préparé.

Si l'un d'eux vous adresse la parole, répondez simplement à la question. Pas de phrases agressives ni d'insultes. Il est probable que la soudaineté de l'attaque ait entraîné chez vous un état de sidération qui vous bloque et vous empêche de réagir. Il est impératif que vous surmontiez ce choc le plus vite possible. Faites-vous discret et respirez. C'est le seul moyen pour récupérer votre lucidité.

Si vous parvenez à gérer votre stress, passez à l'analyse de la situation. Sachez que les terroristes sont eux aussi en état de stress. Il peut arriver qu'ils soient également sous l'influence de substances dopantes. En conséquence, chaque geste que vous allez faire doit être calculé. L'excès de confiance peut être sanctionné par une balle de kalachnikov.

Si vous ne pouvez fuir à l'extérieur, essayez de gagner une pièce dans laquelle vous serez à l'abri des balles et des explosifs. Nous appellerons cette salle « pièce de confinement ». Ce peut être un bureau, un débarras, l'idéal serait qu'elle ait un mur donnant sur l'extérieur afin de permettre aux unités d'élite d'y ouvrir une brèche pour vous évacuer.

Barricadez-vous ! Tables, armoires, tout est bon pour bloquer la porte. Faites le point avec ceux qui sont avec vous sur les armes de circonstance que vous possédez : extincteurs, haches d'incendie, bombes lacrymogènes si certains en ont avec eux, tout est bon pour repousser les terroristes qui tenteraient de vous déloger. Il faut organiser votre défense, confier des tâches, redonner de l'espoir. La chose la plus difficile à faire sera de rester enfermé alors que des gens se feront peut-être massacrer devant la porte. Ouvrir celle-ci pourrait se révéler fatal pour l'ensemble des rescapés qui sont dans la pièce.

Si malheureusement vous n'avez pas réussi à vous protéger derrière un mur porteur et que vous entendez le terroriste dire ses derniers mots, comme les frères Kouachi les ont prononcés face au GIGN le 9 janvier 2015, à savoir « Allah akbar », couchez-vous sur le ventre et mettez vos mains sur la tête. Il y a de fortes chances qu'à l'arrivée des unités d'élite ils préfèrent se faire exploser que de se prendre une balle dans la tête.

Ainsi, vous augmentez considérablement vos chances de survie s'il s'agit d'un gilet d'explosifs. Leur capacité de charge est relativement faible, néanmoins, si vous restez debout, des projectiles tels que des boulons, des vis et autres morceaux de ferraille dont ces gilets sont remplis peuvent vous atteindre.

EXPÉRIENCE D'ATON

Sur un exercice de prise d'otages

Comme tous les Français, j'ai été témoin des attentats de 2015 mais aussi de multiples agressions. Opérationnel au GIGN, face à l'horreur, je me suis interrogé de nombreuses fois sur les possibilités d'action.

Si, devant une situation extrême, il y a une réaction de la part des otages, celle-ci doit être organisée. À défaut, elle peut avoir l'effet inverse et devenir dangereuse.

Un exemple. En 2019, invité dans l'est de la France à un stage de krav-maga qui regroupait pas moins d'une dizaine d'instructeurs et environ cent cinquante élèves, j'ai demandé à six volontaires de me rejoindre pour faire l'expérience suivante.

La situation

Après une tuerie de masse, un terroriste s'isole avec cinq otages dont il compte se servir comme bouclier humain lorsque la police interviendra. Il est armé d'un pistolet automatique. Les otages sont réunis dans une même pièce et le preneur d'otages circule parmi eux comme l'a fait Coulibaly dans l'Hypercacher en janvier 2015.

Les otages ont cinq minutes pour agir, car l'intervention des unités d'élite va mettre du temps et tout peut arriver.

Dès que le terroriste va entendre l'arrivée des forces de l'ordre, il y a de fortes chances pour qu'il tue les otages encore vivants ou qu'il s'en serve comme bouclier humain.

Les élèves se mettent en place et rentrent dans leur rôle.

Réaction 1 : Au moment où le terroriste passe devant l'un des otages, celui-ci le ceinture au niveau de la taille. Le terroriste se penche vers l'avant et tire sur lui. Le reste de la troupe est en état de sidération et certains font un pas hésitant vers le terroriste. Dans le doute de leurs actions à venir, il tue l'ensemble des otages.

BILAN : 5 MORTS.

Réaction 2 : Je donne pour consigne de s'organiser discrètement en moins d'une minute. Une femme tente une négociation assez ferme avec le terroriste. Il la tue. L'élève me regarde… étonnée. Avoir toujours à l'esprit que le terroriste tue qui il veut ! S'étant organisé rapidement, un premier homme décide de le ceinturer pendant que les trois autres otages se jettent sur lui et le neutralisent violemment. Malheureusement, la technique n'étant pas parfaite, il a le temps de tuer l'homme qui le ceinture avant d'être neutralisé par les trois otages restants.

BILAN : 2 MORTS.

Réaction 3 : Je donne quatre missions :

Otage 1 : préhension du bras armé du terroriste avec deux bras forts ;

Otage 2 : étranglement du terroriste par-derrière ;

Otage 3 : récupération de l'arme ;

Otage 4 et 5 : diversion en simulant un malaise, une dispute (au feeling).

Déroulement : deux des otages simulent une dispute entre eux pour attirer l'attention du terroriste.

Dans un angle mort, un autre profite de la diversion pour s'emparer du bras armé et ainsi amener l'arme en direction du sol. Simultanément, un autre étrangle le terroriste pendant que le dernier récupère l'arme de la main du terroriste.

BILAN : 0 MORT.

Cela peut vous paraître bien théorique. En effet, ces techniques ne sont, pour le moment, enseignées que dans certains clubs de self-défense. Mais imaginons qu'elles soient partagées plus largement, dans les hôpitaux, salles de spectacle, établissements scolaires et dans bien d'autres lieux ou institutions, alors ces actions deviendraient très vite réalisables par tous.

Bien évidemment, agir comporte un gros risque. Il faut un maximum d'organisation et de volonté pour neutraliser, voire tuer un terroriste. On peut imaginer que face à une mort quasi certaine, la plupart d'entre nous trouvera la force et le courage d'agir. Il ne s'agit pas de se substituer aux unités d'élite mais de sauver sa peau.

Lors d'une prise d'otages, l'espoir est permis, car la gestion du temps est différente. Sachez qu'à l'extérieur des gens s'activent pour venir vous libérer et qu'il serait contre-productif de tenter quoi que ce soit alors que des négociations sont en cours. Sauf si se présente une opportunité exceptionnelle qui vous permettrait de passer à l'action avec la certitude que celle-ci ne va pas dégrader davantage la situation en cours, ne faites rien. Dans ce genre de circonstances, sachez que les certitudes sont rares…

COMPORTEMENT À ADOPTER LORS DE LA LIBÉRATION PAR LES UNITÉS SPÉCIALES

- Écoutez les consignes des forces de l'ordre.
- Leur priorité est de vous sortir de la salle et de vous sécuriser le plus rapidement possible. Ils auront besoin de voir que vous n'êtes pas piégé (ceinture explosive) et que vous n'êtes pas armé.
- À leur demande, enlevez votre sweat, chemise ou tee-shirt. Levez les bras. Mettez-vous à genoux,

mains sur la tête et taisez-vous ! Ceci afin d'entendre les blessés qui ont besoin d'une assistance immédiate. Il est très difficile de communiquer au milieu de gens qui demandent de l'aide.

- Parler, crier ou solliciter un agent alors que vous êtes sain et sauf sont des actions qui polluent les sauveteurs en dispersant leur action.
- Si vous êtes du métier, force de l'ordre ou personnel soignant, faites-le savoir (ça ne se lit pas sur votre front) et proposez votre aide.

2

Les dangers des mouvements de foule

Si une tuerie de masse peut être causée par quelques hommes, un mouvement de foule peut parfois générer le même effet.

Lorsque vous pénétrez dans un endroit pour la première fois, gérez-vous facilement ce nouvel environnement en observant les issues de secours et en imaginant votre réaction en cas de crise majeure ? Ou au contraire, faites-vous confiance au dispositif de sécurité en place et, si besoin, aux forces de l'ordre ?

Le disc-jockey balance « Respire encore », et la foule se met à se trémousser en fredonnant « Il faut qu'ça bouge, il faut qu'ça tremble, il faut qu'ça transpire encore » en chœur avec Clara Luciani. À aucun moment vous n'imaginez qu'un élément extérieur pourrait faire *qu'ça peut bouger, trembler*, et que vous vous mettiez à transpirer… de peur !

La difficulté avec les attentats, les catastrophes et autres crises du même genre, c'est que ceux-ci vous font passer en une fraction de seconde d'un état d'euphorie à la sidération la plus absolue. En attendant, voyons voir si vous êtes capable d'anticipation.

Lorsque vous êtes entré dans la discothèque, avez-vous pensé à identifier :

– l'endroit exact où vous avez garé votre voiture ;
– l'emplacement des issues de secours ;
– la position des portiers (videurs) ;
– les personnes à risques (susceptibles de déclencher une bagarre) ?

Dans un événement en plein air – manifestation, concert, match –, savez-vous anticiper les mouvements de foule ?

Partez d'un principe : la foule ne discute pas, elle croit[1]. Il suffit, lors d'un rassemblement, qu'une rumeur se propage pour qu'aussitôt celle-ci se traduise par un déplacement de la masse des gens qui peut aller jusqu'à la panique.

Le dernier en date, Séoul. Les célébrations d'Halloween le 29 octobre 2022 y ont causé la mort de 156 personnes. Le plus meurtrier, le pèlerinage de La Mecque, le 24 septembre 2015, avec plus de 2 000 morts.

Vous est-il jamais arrivé de vouloir absolument monter dans une rame de métro bondée, de participer à un concert surpeuplé ou à une manifestation dans des rues étroites ?

RETENEZ CES CONSEILS

- Sachez vous situer. Où êtes-vous positionné ? Emplacements des issues de secours dans une salle, des artères de fuite dans une rue, des sorties possibles dans un concert de plein air.
- N'attendez pas d'être comprimé. Dès que vos épaules touchent celles de vos voisins, c'est le signe

1. Gustave Le Bon, *Psychologie des foules*, 1895.

que le nombre de personnes au mètre carré s'intensifie. Il est temps de trouver une issue.

- Faufilez-vous vers la sortie la plus proche, en essayant de suivre le rythme de la foule. Ne tentez pas de forcer, procédez par petits pas en restant debout, c'est impératif. Chuter équivaut à se faire piétiner.
- Si la fuite n'est pas possible, utilisez vos bras pour vous sauvegarder et vous permettre de respirer en protégeant votre cage thoracique. La majorité des gens décédés le sont par asphyxie ou par piétinement.
- Ne longez pas les murs sous peine d'y être écrasé. Ne luttez pas contre le flot mais laissez-vous porter.

Manifestation qui dégénère

Quels sont les principes de bases qui régissent la gestion d'une manifestation ? Une demande d'autorisation doit être déposée au plus tard vingt-quatre heures avant le début du rassemblement. Cette demande doit spécifier qui sont les organisateurs de la manifestation, leurs références, l'itinéraire, les points de départ et d'arrivée du cortège et le service d'ordre prévu pour l'encadrer. À Paris, cette demande est adressée à la préfecture de police qui peut émettre une interdiction. Si ce n'est pas le cas, le défaut de réponse vaut acquiescement et la manifestation est déclarée « légale ».

La normalité veut que la manifestation se déroule dans le calme, aux horaires et aux lieux prévus. En France, la majorité des manifestants respectent ces règles. Pour les perturbateurs, il s'agit de faire basculer la manifestation dans l'illégalité en forçant le passage sur des axes interdits par les forces de l'ordre. Par réquisition, l'autorité civile imposera alors l'usage de la force. Ceci ouvrira la voie à l'affrontement avec les unités de maintien de l'ordre et à la casse généralisée. Et c'est à ce moment précis qu'interviennent les black blocs, car eux, la manipulation des foules, ils connaissent !

Intéressons-nous un instant à cette mouvance internationale née en Allemagne dans les années 1980 et que l'on retrouve systématiquement en marge des grandes rencontres internationales telles que les G7, G20, les réunions de l'OTAN, les manifestations diverses et variées comme celles des gilets jaunes, de la réforme des retraites ou des anti-bassines dans les Deux-Sèvres.

Avant d'être une mouvance, c'est tout d'abord une technique. Celle de s'infiltrer dans un cortège de manifestants afin d'en prendre le contrôle. Le but étant de saturer les forces de l'ordre en se dispersant par petits groupes au moment des actions violentes telles que la casse de bâtiments administratifs ou représentatifs du capitalisme. Lorsque les policiers réagissent, ils retournent se planquer au milieu de la foule pour assurer une défense solidaire.

L'ennemi, c'est le capital ! C'est d'ailleurs ce qui les différencie des casseurs. Les black blocs détruisent par idéologie, les autres par opportunisme. Politiquement, nous disent les experts, le bloc se composerait de militants d'extrême gauche et d'anarchistes.

À chaque manifestation, la France profonde se tient en haleine devant son divertissement, alimenté par des journalistes peu scrupuleux toujours à la recherche du sensationnel et de la division.

On peut le dire sans crainte, cela tient du miracle qu'il

n'y ait pas eu de mort parmi les rangs des policiers et des gendarmes mobiles mais aussi des manifestants. Durant la crise des gilets jaunes, des policiers ont sorti leurs armes et seuls leur sang-froid et leur professionnalisme ont évité qu'il y ait du sang sur les pavés de Paris. On a vu la haine qui s'abattait contre tout ce qui pouvait représenter un symbole de la République.

Les black blocs arrivent, disséminés dans la foule, un sac à dos sur l'épaule, portant tous un pantalon noir. C'est dans cette tenue qu'ils infiltrent le cortège. Chez eux, pas de chefs ni de hiérarchie, mais il suffit d'un bras levé pour qu'aussitôt le changement de tenue s'opère. Apparaissent alors les lunettes de protection, les blousons noirs à capuche et un masque, ce qui rend difficile leur identification. Pour que la panoplie soit complète, il ne faut pas oublier les marteaux, les mortiers d'artifice et les barres de fer. Pour eux, l'étape numéro un consiste à gagner rapidement la tête de la manifestation afin d'en prendre le contrôle et de faire dévier le cortège de son itinéraire initial.

Dès le rassemblement en marche, on les voit remonter la foule à toute vitesse en se faisant applaudir des manifestants qui ne se doutent pas que ce genre d'action va très vite les amener à l'impopularité.

Encore une fois, la foule ne discute pas, elle croit. Et tels les moutons de Panurge, elle suit !

Il ne leur reste plus qu'à faire pivoter la masse. La manifestation s'éloigne de l'itinéraire prévu et, aussitôt, le préfet de police retire l'autorisation de manifester. Les hommes en noir prennent le matériel qu'ils avaient dissimulé dans des rues adjacentes, auquel s'ajoutent les objets divers récupérés sur les chantiers voisins. Ils démontent les grilles entourant le pied des platanes et s'en servent pour briser le bitume qui va leur servir de projectiles. La casse peut commencer.

L'usage de la force employée par les unités de maintien de l'ordre va être proportionnel au degré de violence des BB (black blocs) et des casseurs. Sous réquisition, l'usage des moyens intermédiaires est déployé. Ces moyens sont : matraques, gaz lacrymogènes, lanceurs de balles de défense (LBD), grenades de dispersion.

En face, BB et casseurs ont ouvert la danse en envoyant sur les forces de l'ordre des ballons remplis de déjections humaines. Puis ce sont des boules de pétanque dont certaines sont remplies d'acide ainsi que des cocktails Molotov qui sont lancés sur les gendarmes et les policiers.

Pour vous, manifestant de base ou simple passant, vous voilà plongé dans la confusion d'une guérilla urbaine. Admettez que, pour les forces de l'ordre, il va être difficile de faire le distinguo entre vous et les autres ! Et c'est exactement ce que veulent les perturbateurs.

Les violences discréditent alors le message porté par la manifestation, pour vous il est temps de partir. Tous les médias vont faire focus sur les casseurs et vos revendications vont passer au second plan.

Vous voulez fuir, mais vous êtes environné de gaz lacrymogène, vous ne voyez plus et vous suffoquez.

- Ne touchez pas votre visage et ne frottez pas vos yeux.
- Essayez de vous regrouper entre amis en vous tenant les uns aux autres.
- Quittez la manifestation en vous éloignant des forces de l'ordre et des BB.
- Respirez à demi-poumons.

- Une fois à l'abri, arrosez-vous abondamment le visage à l'eau claire.

Si vous faites l'objet d'une interpellation que vous jugez arbitraire, ne résistez pas et laissez-vous conduire à l'officier de police judiciaire (OPJ). Réagissez comme vous devriez le faire lors d'un contrôle routier que vous contestez. Restez courtois, pas d'insultes, expliquez-vous calmement. L'OPJ n'est pas dans le stress, il sera donc plus à même de vous écouter. Ces interpellations ont un but : calmer les foules. Elles s'opèrent au « chalut », le tri est fait ensuite. La priorité reste bien sûr d'interpeller les fauteurs de troubles.

Il est hélas à craindre que le degré de violence bascule un jour dans la guérilla et l'émeute et que des armes à feu soient utilisées. Quelle sera la réaction des forces de l'ordre ? Certaines pourraient exercer leur droit de retrait, contraignant ainsi le gouvernement à recourir à l'armée. C'est d'ailleurs ce que répètent à l'envi certaines figures politiques qui n'en mesurent pas les conséquences.

Or, les militaires, hors la gendarmerie, ne sont pas entraînés, ou très peu, au maintien de l'ordre et ils n'en possèdent pas les outils. Le jour où l'armée interviendra, il n'y aura plus de gradation dans la réponse à l'ultra-violence. Il sera temps pour vous de vous intéresser, si ce n'est déjà fait, au chapitre sur les guerres.

3

NRBC

NRBC : Nucléaire, Radiologique, Biologique, Chimique.

En quatre mots, ce sont les formes d'attaque les plus redoutées des professionnels – et les plus méconnues de la population. Ces catastrophes se sont déjà produites. Une erreur humaine commise par un individu peut avoir des conséquences qui vont se répercuter sur la planète entière. L'accident nucléaire de Tchernobyl, en 1986, a entraîné l'évacuation de 200 000 personnes, la mort de 4 000 autres et des conséquences lourdes sur la santé de la population touchée par le fameux nuage, qui ne s'arrêta pas aux frontières, contrairement aux premières déclarations du gouvernement français de l'époque.

Lors de la Seconde Guerre mondiale, après les bombardements des villes de Coventry en Angleterre, de Dresde et de Hambourg en Allemagne, qui furent dévastateurs pour la population civile, un palier fut franchi avec l'utilisation de l'arme nucléaire. Les Américains larguèrent deux bombes atomiques, l'une sur Nagasaki (40 000 morts) et l'autre sur Hiroshima (70 000 morts) afin de mettre un terme à la guerre contre les Japonais.

À l'heure actuelle, on cherche toujours les causes

véritables de la pandémie de Covid-19 qui provoqua la mort de 15 millions de personnes à travers le monde.

L'attaque chimique

Le 20 mars 1995, à 8 heures, un attentat terroriste au gaz sarin est commis dans le métro de Tokyo. Des sacs contenant le gaz sont percés à l'aide de parapluies. Le produit s'évapore et se diffuse à l'intérieur de cinq rames, cible des terroristes. Le gaz, certainement de mauvaise qualité, ne causera la mort que de treize personnes, ce qui est peu en regard des millions de personnes qui empruntaient le métro à l'heure de pointe. On dénombrera plus de 6 300 blessés, dont certains demeureront paralysés à vie.

La signature de la convention d'interdiction des armes biologiques de 1972 n'empêche évidemment pas les terroristes d'utiliser ce moyen d'action, ni les États d'ailleurs, nous l'avons vu en Syrie.

La préservation de la population dépendra de ses connaissances en la matière, et aussi de la bonne gestion des professionnels engagés et de leur coordination.

À ce propos, vous connaissez sans doute le timbre de l'alarme incendie de votre lieu de travail. Dès qu'elle retentit, vous êtes censés vous regrouper à l'extérieur du bâtiment. Mais connaissez-vous celle d'un accident ou d'une attaque NRBC ?

La réponse est oui, mais vous l'attribuez à l'entraînement du premier mercredi du mois de nos pompiers. Effectivement, c'est cette alarme qui sonne d'une même tonalité en continu en montant crescendo sur le volume.

Si vous l'entendez en dehors du premier mercredi du mois, c'est une alerte NRBC.

Que devez-vous faire ? Votre survie en dépend…

Cas concret

Salle de réunion d'une entreprise, lundi matin vers 10 heures, le soleil brille et les fenêtres sont grandes ouvertes.

Pascal, le directeur commercial, a la charge de l'animation d'un stage de formation de dix commerciaux. Parmi eux, autant d'hommes que de femmes. Pour l'occasion, on a disposé sur la table des bouteilles d'eau. Prévoyants, quelques-uns ont apporté des encas.

La formation se déroule dans une ambiance amicale où tous trouvent leur aise. Des petits sourires complices s'échangent entre collaborateurs. Il est 11 h 30, quand l'alarme NRBC retentit. Un drone procède à un épandage de gaz sarin.

Pas de réaction

Fenêtres toujours ouvertes, dans la joie et la bonne humeur, personne n'y prête attention. Au bout de quelques minutes, apparaissent les premiers symptômes : écoulement nasal, yeux embués, salivation et transpiration excessives.

Puis quelques minutes plus tard : serrement de la poitrine, difficulté à respirer, troubles de la vision, suivis très rapidement par des nausées, des vomissements, des crampes, des mictions et défécations involontaires, des secousses musculaires avec perte d'équilibre, des maux de tête avec confusion.

Enfin, tous tomberont en somnolence, auront des convulsions avant de sombrer dans le coma.

Aucun n'en réchappera.

Réaction adaptée

Hervé, l'un des commerciaux présents, est pompier volontaire. Il comprend immédiatement la signification de cette alarme. Il demande à ses collègues de fermer les fenêtres et de scotcher toutes les ouvertures afin de rendre la salle de réunion hermétique. Un autre est chargé de faire une veille radio sur son téléphone de façon à être informé de la menace, des risques encourus et de la conduite à tenir.

Il faut organiser la vie collective. Rationner l'eau et la nourriture. Il faut aménager des toilettes dans un coin de la pièce. Dans ce genre de situation, on note un esprit de cohésion et de compassion entre les membres du groupe. Hélas, cela ne dépasse guère plus de quarante-huit heures.

Après ce laps de temps, il est probable qu'ils devront faire preuve de coercition sur l'un des membres qui manifestera son désir de sortir au risque de les mettre tous en péril.

L'odeur deviendra vite insupportable, défécations, urine, transpiration. La ventilation étant coupée, l'air frais manque terriblement. Il y a de grandes chances pour que les consignes gouvernementales soient aussi limpides que celles données durant la crise Covid… Ce qui ne manquera pas d'engendrer un maximum de stress.

La nourriture et surtout l'eau vont très vite manquer. La cohésion sera rudement éprouvée, les plus forts pouvant s'interroger sur la pertinence du partage avec les plus faibles. La vie en milieu confiné et dans une ambiance dégradée exige des règles. Les leaders doivent en permanence s'assurer du moral de leurs compagnons afin de prévenir le « pétage de plombs ». Il leur faut organiser des prises de parole afin que chacun puisse exprimer son ressenti sur la situation, veiller à ce que de vieilles querelles professionnelles ne resurgissent pas ni ne viennent accroître les tensions. Il faut occuper les esprits en proposant à tous d'organiser leurs sorties dès que les secours se seront manifestés.

Dans notre exemple, on peut objectivement supposer que quatre jours après le déclenchement de l'alarme, une équipe sanitaire viendra en aide à notre groupe. Ils sont maintenant « intimes » et savent réellement ce qu'est la notion de partage.

Tout était prévu !

L'entreprise, sensibilisée aux nouvelles menaces, a opté pour une salle de confinement hermétique à l'abri des balles (Eh oui, cela existe !). Cette grande pièce est équipée d'une palette d'eau, de repas déshydratés, de toilettes sèches, de couchages de fortune, d'une trousse à pharmacie et d'un poste radio à piles. Voilà de quoi supporter une coexistence imposée par les circonstances.

L'attaque ou accident nucléaire

Vous n'y croyez pas et pourtant… Bien malin qui peut assurer que l'arme nucléaire ne sera jamais employée.

Toujours cette fameuse loi de Murphy : si le pire peut arriver, il arrivera !

L'alerte à la population est utilisée pour l'avertir que le danger est imminent. Un signal particulier, le SNA (Signal national d'alerte) donne le début de l'alerte. Les sirènes émettent alors un son continu d'1 minute et 41 secondes répété trois fois. La fin d'alerte sera donnée par un son continu de trente secondes. Vous pouvez vous y habituer en prêtant attention aux tests qui sont réalisés à midi, chaque premier mercredi du mois. Le SNA est alors émis, une seule fois afin de ne pas être confondu avec une alerte réelle.

Un dispositif particulier (FR ALERT) est mis en place depuis juin 2022. Est-il connu des Français ? La réponse est non ! Le gouvernement veille, en effet, à ce que rien ne change ! Ce système permet pourtant, sans application ni inscription particulières, d'être averti sur votre téléphone portable d'un risque grave, nucléaire en particulier. Les panneaux SNCF, ceux des aéroports et des autoroutes seraient également utilisés pour diffuser l'information. L'alerte serait aussi diffusée sur les réseaux sociaux.

ATTENTION !

Chaque citoyen concourt par son comportement à la sécurité civile (art. L. 721-1 du Code de la sécurité intérieure). Il vous appartient donc de vous informer et de vous préparer en confectionnant un « kit d'urgence » conformément aux directives données par les sites gouvernementaux[1].

Ce kit doit comprendre de l'eau en quantité suffisante,

1. https://fr-alert.gouv.fr/actualites/kit-durgence.

de la nourriture, une lampe et des piles, un couteau au minimum, un outil multifonction, une trousse de premiers secours, des bougies, de l'argent, vos clés de domicile et de voiture ainsi que vos papiers et votre carte de crédit. Ajoutez un plan cartographique de la région, un sifflet afin de vous signaler, des sacs poubelles, des lingettes pour votre toilette, un sac de couchage. N'oubliez pas votre téléphone portable ainsi que le câble permettant sa mise en charge.

En cas d'explosion nucléaire sur le territoire national – même si le risque est infime –, voici les dangers auxquels vous aurez à faire face.

Une boule de feu générera un effet de forte chaleur. Pour une bombe d'une puissance d'une mégatonne, identique à celle larguée sur Nagasaki en 1945, la température serait équivalente à 7 000 degrés au centre de l'explosion. L'éclair lumineux produit par l'explosion provoquera des cécités temporaires ou définitives selon l'endroit où l'on se trouve.

Cette boule de feu et le rayonnement thermique seront suivis par des ondes de choc se déplaçant à des vitesses supersoniques. Des personnes seront tuées directement ou dans l'effondrement des habitations.

Les radiations vont entraîner des atteintes au système nerveux accompagnées de vomissements, d'hémorragies, etc. Beaucoup de personnes irradiées mourront dans les semaines suivantes. Il se formera un nuage radioactif dont l'itinéraire sera conditionné par les conditions météo. Pour ceux qui auraient survécu aux effets du souffle et de la chaleur, les radiations risquent de provoquer des cancers divers à plus ou moins long terme.

Vous imaginez bien que dans un tel chaos l'organisation des secours sera très compliquée à mettre en place. Plus rien n'existe après un tel séisme. Pas d'eau, pas d'électricité, les infrastructures de secours, hôpitaux et autres sont détruits, les morts et les blessés jonchent les rues, tout est irradié.

COMMENT VOUS ORGANISER POUR SURVIVRE

Lors d'une explosion nucléaire, oubliez tout d'abord vos illusions si vous vous trouvez à proximité du point d'impact. Vous serez transformé en chaleur et en lumière à la seconde même. Par contre, plus vous êtes éloigné de l'épicentre de l'explosion et plus vos chances de survie deviennent sérieuses.

Dès le début de l'alerte, prenez votre kit d'urgence, réfugiez-vous dans votre cave et confinez-vous. Si vous n'en possédez pas, choisissez une pièce avec le moins d'ouvertures possible. Comme pour la menace chimique vue précédemment, colmatez avec du gros adhésif vos ouvertures, portes et fenêtres. Si vous êtes en véhicule, gagnez immédiatement un bâtiment en dur pour vous y réfugier.

Ne touchez pas aux objets extérieurs. En cas de pluie, laissez à l'extérieur tout ce qui a été mouillé. Écoutez les informations et respectez les consignes qui sont données par les autorités.

Si vos enfants sont à l'école, n'allez pas les chercher, c'est l'Éducation nationale qui assure leur prise en charge. C'est un point très important, car en allant les chercher, vous vous exposez et vous courez le risque d'être touché par des poussières radioactives et de devenir un vecteur de contamination pour vos proches.

Attendez l'ordre d'évacuation. Sortir de votre propre initiative vous expose à des périls qui peuvent être irréversibles.

Pour les incidents des centrales nucléaires, les populations limitrophes des installations sont censées être informées des mesures à prendre et sont munies de pastilles d'iode stable destinées à saturer leur glande thyroïde afin d'éviter que de l'iode radioactif ne vienne s'y fixer. Les précautions à mettre en œuvre sont identiques à celles décrites ci-dessus.

L'attaque biologique

Malgré la convention de 1972 qui interdit l'utilisation des armes biologiques et des toxines, quelques pays produisent dans des laboratoires spécialisés des virus susceptibles de déclencher des maladies mortelles, tels l'anthrax ou la variole. Ce dernier virus, parmi l'un des plus dangereux au monde, fait toujours l'objet d'expérimentations dans les laboratoires du Center for Disease and Control d'Atlanta, aux États-Unis, et du Centre national de recherche en virologie de Koltsovo, en Russie. Il existe au moins un laboratoire du SVR (service des renseignements extérieurs de la Russie), basé près de son QG de Iassenevo, en charge du développement d'armes biologiques. Celles-ci ont été utilisées pour des opérations clandestines en Occident, en particulier contre des opposants au régime.

Cris Millennium spécialiste NRBC au GIGN pendant de nombreuses années, estime que les risques biologiques représentent un danger latent, complexe à gérer et qui peut surgir lorsqu'on l'attend le moins :

> *« La Covid-19 a initié la plus grande récession de tous les temps, mais que se serait-il passé si cette maladie avait présenté un taux de mortalité proche d'Ebola ? Qui peut affirmer qu'un jour, un groupe de terroristes fanatiques, un accident ou un scientifique irresponsable ne lâchera pas sur le monde un tel fléau en libérant un agent biologique génétiquement modifié dans le but d'éradiquer le plus d'individus possible ? Deux risques principaux sont à distinguer. Les toxines qui vont entraîner des empoisonnements et les agents biologiques qui, eux, vont causer des maladies. Sachant que les toxines font partie des poisons les plus puissants au monde, à titre d'exemple, il suffirait d'un demi-gramme de toxine botulique pour exterminer la population du Grand Paris (6,7 millions d'habitants)*[1]. »

Des attaques de ce type ont déjà eu lieu. En 2011, aux États-Unis, 22 personnes ont été contaminées par des enveloppes piégées au bacille du charbon, cinq d'entre elles sont décédées. Les toxines pénètrent dans la peau, entraînant paralysie, fièvre, convulsions et mort. Quelques oligarques et opposants russes en ont fait l'amère expérience. Ne croyez pas qu'un poison ait besoin d'être injecté, respiré ou ingéré pour agir, par exemple, le simple fait de toucher la grenouille d'Amé-

1. Cris Millennium, *Les Risques biologiques*, Culture & Racines, 2020.

rique centrale[1] peut entraîner la paralysie des membres, voire la mort.

PRÉCAUTIONS À PRENDRE

On ne touche pas une poudre ou un liquide inconnus. Utilisez des gants, y compris pour ouvrir des enveloppes suspectes. Au téléphone, vous avez pour habitude de ne pas répondre à un numéro que vous ne connaissez pas, faites de même pour les substances qui n'ont pas lieu d'être là où vous les avez trouvées.

Si vous avez stocké des aliments, surveillez l'état de vos boîtes de conserve et de vos emballages sous vide. Si ceux-ci sont gonflés, il est possible que des bactéries s'y soient multipliées, produisant un grand nombre de toxines. Il y a un réel danger à en consommer le contenu.

Pensez à vous laver régulièrement avec de l'eau, du shampoing et du savon. Inutile d'aller vous frotter à l'eau de Javel ! Celle-ci et les gels hydroalcooliques doivent être utilisés pour désinfecter de petites surfaces uniquement.

Une température élevée favorise l'inactivation des virus. L'un des produits les plus efficaces pour une désinfection en présence de toxines très dangereuses est le chlore.

---

1. Ces grenouilles possèdent des couleurs très vives, ce qui leur a valu le nom de « grenouilles peintes ». Elles sont connues pour le puissant poison paralysant que leur peau renferme : la batrachotoxine.

4

Un monde sous tension

La guerre est aux portes de l'Europe. Vous n'avez qu'une idée lointaine de ce qu'est la guerre – en fait, vous n'y croyez pas trop. Depuis 1945, les conflits dans lesquels la France a été impliquée ont eu pour théâtres d'opérations des pays étrangers (Indochine, Algérie, Moyen-Orient). Aujourd'hui les bruits de bottes se rapprochent. Les bombardements, on les voit à la télé, mais difficile de ressentir vraiment ce que vivent les Ukrainiens. Faites preuve d'un peu d'imagination…

Les problèmes sociaux, la pandémie, les difficultés économiques, ont mis à mal la confiance envers les institutions. Les tensions sont fortes et il suffirait de peu pour qu'une crise grave voie le jour.

La délinquance explose, les forces de l'ordre sont submergées, la justice est débordée et les prisons surpeuplées. Les dealers s'affrontent à coups de kalachnikov dans les quartiers pour la répartition des territoires et on se poignarde aux sorties d'école pour un mot de trop. Être délinquant est devenu une filière professionnelle dont les employés, récidivistes, ne sortent plus.

Le terrorisme, lui, est toujours là, rampant, attendant

son heure. On rapatrie des fichés S que nous sommes incapables de surveiller par manque d'effectifs.

La France, cette vache à lait ponctionnée par tous, est entourée de hyènes à l'affût d'une occasion de la déchiqueter. Et cette occasion, c'est la guerre !

Si demain le conflit nous touche, vous verrez toutes ces haines fusionner pour déchirer le pays. Outre les opérations militaires, ce sont la délinquance, le terrorisme et la guerre civile qui s'abattront sur nous, telles les sept plaies d'Égypte. Le danger sera partout et il vous sera difficile d'espérer l'aide de vos voisins, surtout si vous ne leur avez jamais dit bonjour !

Tensions

N'oubliez pas que si la guerre est une chose horrible, il y aura toujours des salopards pour ajouter une couche de merde au marasme ambiant. Cela a toujours été ainsi depuis la nuit des temps et dans tous les conflits. Si par malheur un conflit éclate, il dépassera en violence tout ce que vous pouvez imaginer. On ne parle pas là de combats sur un front lointain mais des exactions, des règlements de comptes, des pillages, des viols commis dans votre entourage immédiat. Il est loin, le temps où les soldats combattaient au front pendant que l'on dansait à l'arrière. Si vous dansez, ce sera en attendant la mort.

Vous ne pourrez compter que sur vous-même, quelques proches et vos amis sûrs pour survivre. Finies les relations fondées sur le business et la complaisance, c'est l'heure du chacun pour soi !

Il est probable que si vous abordez le sujet avec vos amis, une majorité d'entre eux éclatent de rire.

La guerre, pense donc ! Honnêtement, nous sommes bien incapables de prédire si elle aura lieu un jour. En revanche, ce qui est sûr, c'est que nous vivons une période de tensions que nous n'avons pas connues lors de la guerre froide et que jamais les États n'ont possédé une surabondance d'armements comme aujourd'hui. Il est temps pour vous d'y réfléchir.

TROIS POINTS À RETENIR

- Se protéger
- Survivre
- Combattre si besoin

Se protéger

Mais de quoi ? Dans une situation dégradée et imprévisible, il est indispensable d'être renseigné afin de connaître quelles sont les menaces et leurs conséquences pour votre environnement immédiat. Pour un temps très bref, les médias (télévision et internet) seront vos sources d'information principales. Des causes physiques (bombardements, attentats, etc.) interrompront les émissions et des offensives cyber diffuseront de fausses nouvelles pour créer le trouble et la confusion dans la population. En prévision des coupures d'électricité, vous aurez avec vous un poste radio à piles. Ne vous servez pas de votre téléphone pour cela, vous ne savez pas quand vous pourrez le recharger. Quant aux relais téléphoniques et à la wifi…

Ayez une connaissance exacte de la géographie nationale. Lorsqu'une information comportant le nom d'une ville est donnée, sachez la situer. Adieu, Mappy, Waze et compagnie, on retourne à la bonne vieille carte et à la boussole. Les axes qui vous entourent n'ont aucun secret pour vous. Entendez par là : autoroutes, routes principales et secondaires, fleuves et canaux ainsi que l'emplacement des ponts qui en permettent le passage.

Prévoyant, vous avez identifié des zones de poser pour hélicoptères pour le cas où une évacuation de civils ou autre serait envisagée. En période de conflit, les pilotes s'affranchiraient des procédures du temps de paix, mais si vous êtes chargé de cette tâche, vérifiez que le sol est capable de supporter le poids d'un hélicoptère lourd, et que cette zone est suffisamment dégagée pour autoriser son atterrissage (pas de lignes électriques).

Nos grands-parents ont vécu la guerre sans la technologie d'aujourd'hui. Or, notre mode de vie actuel repose, pour beaucoup d'entre nous, sur cette technologie. Les jeunes et les moins jeunes, qui vivent au rythme de leurs téléphones portables et des réseaux sociaux, n'imaginent pas un monde sans internet. Pour eux, la survie va devenir très compliquée. *A contrario*, les plus anciens d'entre nous, les ruraux, les scouts, les boot campeurs, les militaires auront un temps d'avance sur le reste de la population. Il est à craindre que celle-ci se scinde en deux parties, ceux qui s'adaptent et ceux qui subissent.

Rester ou partir ?

Chaque guerre amène son flot de réfugiés. Parmi eux, on trouve des gens âgés, des femmes avec leurs enfants et ceux qui sont dans l'incapacité d'apporter une aide quelconque à la survie collective. Ceux-là, et c'est normal, quittent les zones menacées. Ils reviendront une fois le conflit terminé, pour reconstruire le pays.

Où vous réfugier ? Comme lors du confinement, si vous en avez la possibilité, préférez la campagne aux agglomérations. Dans les villages, les habitants connaissent les capacités de chacun. Il y est plus simple de gérer ses ressources, on peut en effet stocker facilement des vivres, de l'eau et du carburant. Enfin, la majorité des villages sont éloignés des lieux stratégiques, le risque de frappes y est donc moindre que dans les grandes cités.

Si vous devez rester en ville, il vous faudra compter sur vos voisins proches. Les vivres devront être partagés selon une méthode approuvée par tous. Adopter une attitude individualiste, c'est à coup sûr courir le risque de se faire dépouiller par un environnement brusquement devenu hostile à votre égard. Ce partage et la complémentarité des capacités de chacun et des moyens sont essentiels à la survie de tous.

Il est probable que pour des raisons sanitaires diverses, des individus ne soient pas en état de quitter la zone. Ils devront faire l'objet d'attentions de la part des valides chargés d'organiser la survie collective. Pour cela, réunissez-les dans un lieu unique afin de veiller sur eux, et, si besoin était, de les défendre plus facilement.

Dernier conseil : dès maintenant apprenez à ranger vos affaires toujours au même endroit. Si vous devez partir précipitamment, que l'électricité est coupée, vous devez pouvoir mettre la main dessus sans chercher. Clés, papiers, argent liquide, torche électrique, vêtements si vous devez vous habiller rapidement doivent se trouver toujours à la même place. Vous trouverez dans les fiches pratiques la composition du sac et de la trousse de secours à emporter en cas d'urgence.

Question pour ceux qui restent : pourquoi et comment ?

Si vous faites le choix de rester sur place, vous en avez évalué les risques. Comme nous vous l'avons décrit plus haut, votre quartier a de fortes chances d'être livré aux pilleurs, de devenir le théâtre de guerres de gangs, et comme nous sommes au centre d'un conflit, un ennemi ayant vaincu nos armées pourrait l'occuper. C'est dans ce contexte que vous allez devoir survivre, vous et ceux qui vous entourent. Quand vous faites le choix de rester, vous faites également, *de facto*, celui de résister, donc de combattre.

Comment se préparer ?

En période de crise, le stress et la paranoïa peuvent vous faire mourir. C'est votre capacité d'anticipation qui va vous aider à surmonter les multiples difficultés qui vont se présenter à vous.

Quelle préparation pour Aton lorsqu'il était opérationnel au GIGN ?

> *« Pour aborder les situations extrêmes avec le maximum de sérénité, l'unité s'entraîne en permanence sur des scénarios catastrophes où le pire est systématiquement envisagé. Afin d'anticiper sur de potentielles réactions, on fait un briefing et un tableau de gestion de crise d'où découlent un mode opératoire et des moyens.*

À force de drill et d'entraînement, les hommes du GIGN dominent toutes les phases du combat. Lestés de 40 kilos d'équipement, ils savent se déplacer, tirer en faisant corps avec le collectif qui les entoure. Dans les moments difficiles, ils se rassurent les uns les autres, et leurs automatismes font qu'ils n'ont plus qu'une seule chose à gérer : l'inconnu.
Ceux qui ne s'entraînent pas et qui ne maîtrisent pas leurs matériels se placent délibérément dans une situation de stress lorsqu'ils vont devoir affronter un adversaire. »

Survivre

Vous devez, à la manière d'un opérationnel du GIGN, afin de faire face, vous préparer au pire !

Sans tomber dans les excès de certains survivalistes, il serait bon pour vous d'acquérir quelques connaissances de base. Votre survie va dépendre de plusieurs principes fondamentaux[1] :

- s'abriter ;
- faire du feu (chaleur et cuisson des aliments) ;
- s'hydrater, trouver de l'eau et savoir la purifier ;
- se nourrir ;
- s'orienter et connaître son environnement ;
- se soigner et soigner les autres.

1. Conseils de Wild Max, ex-membre du GIGN, créateur et animateur de stages de survie en milieu hostile.

S'abriter

L'ordre de priorité est fonction de l'endroit où vous êtes. L'abri sera peut-être votre maison ou votre appartement. Pensez à le sécuriser en mettant des planches aux fenêtres et en renforçant votre porte.

Actuellement, on peut voir quelques survivalistes se confectionner une *safety room* en prévision de jours incertains. Pour ceux qui en ont la possibilité et les moyens, c'est un investissement qui peut se révéler rentable en cas de bombardements ou de dispersion de gaz. Il s'agit le plus souvent de containers enterrés disposant d'un filtrage de l'air.

Faire du feu

Il y a de fortes chances pour que le gaz et l'électricité soient coupés au moins par intermittence. Pour faire cuire vos aliments, ayez avec vous un réchaud de type « Camping gaz ». Celui-ci pourra également servir à vous réchauffer en cas de froid intense. Ayez avec vous quelques bougies qui serviront à vous éclairer.

S'hydrater

Faites préventivement des réserves d'eau dès le début du conflit. Si vous devez boire de l'eau de pluie, purifiez-la à l'aide de pastilles ou en la faisant bouillir. L'hydratation est importante. Vous ne tiendrez que trois ou quatre jours sans eau alors que vous pourrez survivre plus de trois semaines sans manger. Si vous n'avez que peu d'eau, il est impératif de ne pas vous fatiguer afin d'éviter une transpiration excessive qui vous déshydraterait rapidement.

Se nourrir

Vous aurez pris soin de constituer un stock de nourriture. Amasser des paquets de pâtes n'est pas forcément une bonne idée car leur cuisson demande une grande quantité d'eau. L'heure ne sera plus aux petits plats mijotés mais à la survie. Des conserves avec un fort apport calorique vous permettront de ne faire qu'un repas par jour. Pensez aux barres de céréales et autres que vous utiliserez comme coupe-faim.

Si vous êtes à la campagne, vous trouverez des volailles et des lapins. Les tuer et les dépouiller ne s'improvise pas. Un coup de couteau mal placé risque de crever la vessie d'un lapin, rendant sa viande impropre à la consommation. Oubliez les tutos, internet n'existera plus !

Vous pouvez, préventivement, constituer des planques de fortune où vous aurez déposé des vivres, des moyens de défense, etc. Sachez que cela a été fait en France, il n'y a pas si longtemps. Au début des années 1950, la guerre froide s'installe en Europe et l'invasion de l'Europe de l'Ouest par les forces du Pacte de Varsovie est dans tous les esprits. On estime alors à trente jours le laps de temps nécessaire avant que l'aide provenant des États-Unis arrive sur le continent européen. Il est donc décidé de mettre en place un réseau de renseignement et de résistance dans tous les pays, France comprise.

Ce réseau au terme générique de *stay-behind* (« restez derrière ») prit le nom de « Rose des vents » dans notre pays et consista en la création d'un certain nombre de caches disposant de matériels radio, d'armements et d'explosifs, de trousses de secours ainsi que de nourriture. Dans chaque ville, des réservistes soigneusement formés au préalable étaient prêts à mener des actions de renseignement et de sabotage sur les arrières de l'envahisseur. En 1992, l'effondrement du bloc soviétique marqua la fin de ces réseaux. Devenez, vous aussi, un *stay-behind* !

S'orienter et connaître son environnement

La « reconnaissance » est la première mission qu'un militaire réalise lorsqu'il arrive sur un théâtre d'opérations. Délimitez, depuis l'endroit où vous vous êtes réfugié, un périmètre de cinq kilomètres de rayon à l'intérieur duquel vous aurez repéré les endroits caractéristiques du terrain. Votre exploration se fera de jour et de nuit à l'aide d'une carte et d'une boussole, apprenez à vous passer du GPS.

Bâtiments publics, hôpitaux, axes de circulation, châteaux d'eau, usines, voies d'exfiltration, rien ne doit échapper à vos observations que vous reporterez sur une carte de type IGN au 1/25 000 (1 cm équivaut à 250 mètres sur le terrain). Ce périmètre, vous devez l'avoir bien ancré en tête, de sorte que vous pourrez vous déplacer sans y avoir recours. Entraînez-vous dès aujourd'hui à savoir en permanence où sont les quatre points cardinaux lorsque vous marchez.

Faites cela de façon ludique, en balade avec votre famille, à pied ou à vélo. Empruntez des chemins inconnus, soyez curieux de tout. En Afghanistan, face à des talibans sous-équipés, les Russes se sont fait botter les fesses en raison d'une médiocre connaissance du terrain. Si la situation en vient à se dégrader rapidement, ne comptez pas sur les compétences des autres pour vous tirer d'un mauvais pas. Celles-ci se seront raréfiées et il se passera un long moment avant que les individus se fassent confiance mutuellement.

Se soigner et soigner les autres

Le maintien en condition opérationnelle de sa personne est une préoccupation constante du militaire. Ainsi, Aton a su soigner seul des blessures graves grâce aux multiples conseils prodigués par le staff médical du GIGN lors des stages de secourisme au combat.

N'hésitez pas à suivre dès maintenant une formation aux premiers secours afin d'apprendre les gestes élémentaires : poser un garrot, réaliser un point de compression, mettre un individu en position latérale de sécurité, faire un massage cardiaque, etc. sont des techniques qu'il vous faut acquérir. Aton, parrain d'un groupe de jeunes pompiers volontaires, a pu constater que leur niveau en la matière est bien supérieur à celui de leurs parents. Et c'est tant mieux !

Il vous faudra également affronter des visions pénibles auxquelles vous n'êtes pas préparé. Nous avons connu cela dans nos carrières respectives. Les personnels soignants apprennent à mettre une distance entre les malades, les mourants, les blessés qu'ils vont relever et eux-mêmes. Les reporters de télévision arrivent à filmer des scènes de massacre et autres sans trop de difficulté tant qu'ils ont l'œil rivé derrière le viseur de leur caméra. C'est cet objet qui leur permet de ne pas se sentir submergés par leurs émotions.

Avoir des émotions, c'est bien ! Cela signifie que vous êtes humain. Mais celles-ci risquent de vous envahir et de vous faire perdre votre discernement et par là, votre capacité d'action. Pensez-y dès maintenant, n'attendez pas la guerre pour cela. Si demain vous êtes face à un accident de la route, du travail ou encore domestique, vous devez faire face pour porter secours.

Dans le cas d'une guerre, certains d'entre vous prendront en pleine figure, sans préparation psychologique, des images sanglantes qui resteront gravées à jamais dans leur mémoire et qui les hanteront jusqu'à la fin de leur vie. La mort, on en parle, mais on a peur de l'affronter. En période de conflit, vous courrez le risque d'y être confronté dans ce qu'elle a de plus horrible.

Un bombardement, c'est un peu une tuerie de masse, les décombres en plus. Ce sont des gens blastés[1] par les bombes ou l'explosion du kamikaze, éviscérés, des membres arrachés, des râles, des pleurs, des mères qui cherchent leurs enfants, l'odeur de la mort et pour ceux qui viennent porter secours, un tri à faire. On ne peut sauver tout le monde, sachez-le ! Mais ce n'est pas à vous, sauf si vous êtes médecin, de décider qui doit vivre ou pas.

Lors d'un accident grave survenu au cours d'un exercice, Jean-Luc a été amené à assister un médecin militaire qui pratiquait une trachéotomie d'urgence.

---

1. Blast : effet de souffle créé par une onde de surpression qui aggrave les blessures produites par les éclats d'une bombe.

« J'avais 19 ans et c'était mon premier blessé grave. On me demandait simplement de tenir le blessé pendant la pose de la trachéo. Au début, j'ai voulu regarder. J'ai vu le médecin palper les anneaux de la trachée pour savoir où il allait couper mais quand le sang a coulé je n'ai plus supporté et j'ai détourné le regard. C'est le toubib qui m'a ramené à la réalité en m'engueulant. "Si tu n'es pas fait pour être militaire, dégage !" Vexé, j'ai fait abstraction de tout, je ne connaissais pas à l'époque les techniques de respiration mais je me suis mis à souffler en me concentrant sur les gestes du médecin. J'ai serré le blessé tellement fort qu'il était couvert de bleus. Quand il a été évacué, le toubib m'a tapé sur l'épaule : "Faut t'habituer, mon gars ! La guerre, c'est le sang !" Nous n'étions pas en guerre, on s'habitue difficilement, mais cela fait partie des événements qu'un être humain doit être capable de surmonter s'il veut être utile. »

Si vous vous laissez submerger par l'émotion, vous allez réduire votre efficacité et perturber ceux qui sont autour de vous. Reprenez d'abord le contrôle physique de votre corps par la respiration avant de verrouiller votre cerveau sur la première tâche que vous estimez devoir accomplir. Si vous devez poser en urgence un garrot ou un point de compression, faites abstraction de l'environnement. Concentrez-vous sur cette blessure, ne vous dispersez pas ! Essayez d'être extérieur à la situation et dites-vous que vous êtes en train de réaliser l'un des gestes les plus beaux qui soient : sauver !

À présent, il nous faut passer à l'ultime étape de ce que nous réserve la guerre. Nous vous avons décrit précédemment les risques et les menaces d'un conflit dans votre environnement immédiat. Il est fort possible que les événements vous amènent à combattre. Pour défendre votre famille et vos biens contre des pilleurs et des gangs ou pour vous protéger face à des factieux qui voudraient voir régner la terreur.

N'oubliez pas qu'en temps de guerre, des équipes de Forces spéciales ennemies, parfois en tenue civile, mèneront des opérations de sabotage dans la profondeur afin de désorganiser la vie des populations. Il vous faudra choisir. Vous restez calfeutré en attendant que cela passe, ou vous entrez en résistance, tel un *stay-behind.*

Dans ce cas, il faut vous préparer soigneusement, car pour vous la marche est haute !

Combattre !

La formation élémentaire d'un combattant telle qu'elle est dispensée par l'armée s'appuie sur une bibliothèque interne qu'avec étonnement les auteurs de ce livre ont retrouvée sur internet. Il s'agit du TTA 150, TTA signifiant « toutes armes ». C'est la bible du soldat. Vous cherchez à vous perfectionner sur les explosifs, à mieux connaître les armes ou toute autre matière de la chose militaire ? Tout est là, à portée de main ! Surprenant, non ?

Combattre ou entrer en résistance n'entraîne pas forcément l'utilisation d'armes à feu. D'ailleurs, nous ne vous apprendrons pas à vous en servir dans ce livre, car c'est un enseignement qui n'a rien de théorique. On peut imaginer que ceux qui en seront chargés en auront déjà une certaine habitude : ex-militaires, forces de l'ordre, tireurs en stand, chasseurs, etc. Pour beaucoup, il faudra ajouter à leurs notions de l'usage des armes celles du combat.

Un bon combattant est aussi un sportif. Prenons trois actes élémentaires : se déplacer, se poster, observer. Le premier, se déplacer, exige de la vivacité et un esprit de décision pour choisir le meilleur itinéraire à l'abri des vues et des tirs. Le deuxième, se poster, demande une fine analyse du terrain afin de déterminer avec précision quel est l'endroit le plus adapté à l'accomplissement de la mission. Enfin l'observation est elle aussi une question de technique. Voilà des gestes qui ne s'improvisent pas et qui réclament un minimum d'entraînement. Si vous ne possédez pas ces fondamentaux, n'allez pas tenter le diable en vous portant volontaire pour la première mission venue ! Car, vous l'avez compris, vous ferez partie d'un collectif.

Comme lors de la Seconde Guerre mondiale, il est probable que de petits maquis, des noyaux de résistance se forment au fil du temps. Peut-être ne s'agira-t-il que de groupuscules d'autodéfense chargés de protéger les personnes et les biens contre les pilleurs et dont vous serez l'un des membres. Il vous faudra désigner un leader, prenez celui qui a une bonne expérience militaire à la condition qu'il ait également des qualités humaines. Entre un officier supérieur bardé de certitudes et un sous-officier ayant un esprit essentiellement pratique, choisissez le second !

C'est ici que l'on peut regretter encore une fois la disparition du service national. Il sera donc difficile de former des hommes et des femmes qui n'ont aucune connaissance en la matière. Dans ce domaine, la bonne volonté ne suffit pas. Il vous faudra vous adapter et apprendre dans un mode dégradé.

On peut estimer que l'expérience acquise par les forces de l'ordre face à une délinquance et à une criminalité de plus en plus présentes sur le territoire permettra d'y répondre même en période troublée. Reste le problème de la coordination entre les diverses institutions qui, à l'heure actuelle, ne travaillent que très rarement ensemble, principalement pour des questions d'ego. Chacun développe ses propres méthodes sans se soucier de ce que fait l'unité d'élite de la maison d'en face.

Tout le contraire de ce qu'a connu Aton au sein de la mission EULEX[1]. Celle-ci avait créé une SWAT Team[2] afin de procéder à l'arrestation de criminels de guerre au Kosovo et pour réaliser des tirs de contre-sniping[3] dans des zones déclarées à risques. Le travail de l'équipe a commencé par un stage d'une semaine destiné à harmoniser les procédures entre les différentes unités spéciales européennes constituant cette SWAT Team. Tout le contraire d'un concours de bites !

Chacune des unités a partagé ce qu'elle savait faire de mieux. C'est ainsi que des méthodes novatrices et des procédures communes ont été développées dans le domaine du contre-terrorisme. Il faudra donc, dans

---

1. EULEX (European Union Rule of Law Mission in Kosovo) est une mission organisée par l'Union européenne visant à promouvoir l'état de droit au Kosovo.

2. Le terme SWAT, acronyme de « Special Weapons And Tactics » (en français : « armes spéciales et tactiques »), désigne un type d'unités d'intervention appartenant aux forces de police des États-Unis.

3. Neutralisation des tireurs d'élite adverses afin d'assurer la sécurité des civils et des forces alliées.

votre petit groupe, favoriser l'éclosion des compétences afin de les utiliser au profit de tous.

Il est possible que l'on vous attribue des tâches logistiques ou de renseignement. Dans le premier cas, il s'agit d'une responsabilité importante, car l'intendance conditionne le combat. Pour vous donner un ordre d'idée, pendant la guerre du Vietnam, sachez que pour 1 combattant engagé sur le front, il y avait 7 logisticiens pour le soutenir.

Si telle est votre mission, il vous faudra ravitailler votre petit collectif en vivres, en énergie, en médicaments, en produits d'hygiène, en vêtements de rechange, etc. Peut-être même vous demandera-t-on de fournir quelques munitions en allant fouiller des armureries, des commissariats ou des gendarmeries, si ceux-ci sont abandonnés.

Faites simple en matière d'approvisionnement, particulièrement en ce qui concerne les armes et les munitions. Il y a peu de chances pour que vous influiez sur le cours de la guerre, vous serez plutôt dans l'autodéfense. Il est donc inutile d'avoir cinquante calibres différents. Pensez à rendre votre groupe interopérable avec d'autres qui ne manqueront pas de se manifester. À ce sujet et à une plus grande échelle, voici un exemple à ne pas suivre.

Pour Jean-Luc qui est entré dans l'armée peu après le retrait de la France de l'OTAN en 1966, force est de constater que notre pays ne fit pas les choses à moitié. Suite à cette décision, nous avons changé le calibre de nos armes d'infanterie, passant du 7,62 mm au 7,5 mm afin de les rendre incompatibles avec celui des armées étrangères ! Des procédures ont également été modifiées, ce qui a compliqué l'interopérabilité entre les armées françaises et celles de l'Alliance atlantique.

Malgré le retour de la France dans le commandement intégré de l'OTAN en 2009, il reste néanmoins des vestiges de cette période. Tel le char AMX 10 RC, conçu dans les années 1980, et que nous livrons aujourd'hui aux Ukrainiens. Son canon de 105 mm est toujours incompatible avec les obus de même calibre que fournissent à l'Ukraine les Américains et les autres pays qui la soutiennent ! Imaginez la complexité logistique que cela entraîne…

Nous nous étonnons avec bienveillance de voir à la télé le boulanger ukrainien combattre avec le fusil du grand-père. En France, impossible ! L'État vient de procéder au ramassage des armes détenues dans les familles afin d'opérer leur destruction. Ne restent plus que celles qui sont stockées dans les caves des cités. En effet, on a aperçu très peu de caïds apporter leurs panoplies de kalachs et autres appareils à dessouder dans les commissariats et les gendarmeries ! Gardons toutefois le secret espoir que ceux-là vont prendre les armes pour la défense du pays…

Reste la mission de renseignement. Celle-ci ne vaut que si la région où vous êtes est occupée par l'ennemi. Si vous acceptez cette tâche, vous faire prendre équivaut à douze balles dans la peau, dans le meilleur des cas. Tel un puzzle, le renseignement est constitué d'une multitude de petites pièces dont seul l'assemblage permet d'avoir une vue d'ensemble sur les projets de l'adversaire.

Chacun accomplit donc un fragment de la mission

sans connaître ce que font les autres membres du groupe chargés du même objectif. Ainsi, en cas de capture, vous ne pourrez dévoiler que la partie qui vous concerne et pas plus. Ne vous portez pas volontaire pour cette fonction si vous n'avez ni l'aplomb ni le sang-froid nécessaires à ce genre d'activités.

En fait, soyez utile ! Faites ce que vous savez faire le mieux avec la meilleure des volontés. Nos anciens, lors du second conflit mondial, ont vu des Français résister. D'autres ont choisi la fuite, certains se sont enrichis et quelques-uns ont trahi. Les premiers sont revenus pour reconstruire, les seconds sans vergogne ont repris leurs business et la plupart des derniers ont été fusillés. Ainsi va la guerre.

Si un tel malheur devait se reproduire, nul doute que l'on verrait ces comportements se renouveler. Il vous revient de déterminer dès à présent quel rôle vous tiendrez dans une guerre future. Gardez confidentielles les mesures que vous avez prises pour prévenir une crise. N'allez pas vous en vanter à qui peut vous entendre comme lors d'un apéro avec le voisin qui, pour préserver sa vie et celle de ses proches, ira dire à l'ennemi ou à ses collaborateurs que vous avez une *safety room*, de l'armement et des vivres… N'oubliez pas que la confiance, ce fusil à un coup, se gagne au goutte-à-goutte et se perd en litres.

Vous pensez que nous noircissons le tableau, sérieusement ?

PARTIE III

CE QUI VA VOUS AIDER

L'écriture de ce livre a été motivée par la montée de la violence et par le désarroi de la population face à ce phénomène. Les aptitudes physiques, les capacités mentales et les connaissances techniques acquises au cours du service militaire ont disparu avec lui. Mais que nous apportait alors le service militaire ?

Il imposait une remise en question brutale d'individus venus de tous les horizons qui se voyaient contraints d'acquérir un esprit de corps. On y cultivait la tolérance, la cohésion, la rigueur et le sens de l'engagement et des responsabilités. Quelques-uns y ont découvert l'alphabétisation, ou y ont passé leur permis de conduire. Tous, nous avons accepté les règles liées à la vie en collectivité et à l'autorité. Nous en sommes sortis avec des valeurs qui ont malheureusement disparu aujourd'hui.

Voici comment nous avons vécu cette incorporation. Aton en 1997 au 1er RCP (1er régiment de chasseurs parachutistes), à Souge – un camp semi-disciplinaire ; et Jean-Luc en 1968 au centre d'instruction de l'infanterie, à Verdun. Malgré la trentaine d'années qui nous séparent, les valeurs que nous y avons rencontrées sont restées les mêmes.

On se regarde du coin de l'œil, on voit que l'on vient tous d'horizons différents : lascars de cités, fils à papa universitaires, repris de justice chacun avec son look. Crânes rasés, cheveux longs, boucles d'oreilles se côtoient. Un sous-officier nous récupère et nous donne les premières consignes de manière autoritaire. On se retrouve par centaines sur la place d'armes, là commence notre circuit d'incorporation.

Coiffeur, fourrier pour la perception des tenues, services administratifs, visite médicale, le tout au pas de course. Vient ensuite notre affectation dans l'une des compagnies de combat du régiment. Nous déposons notre sac civil dans un local, nous ne le récupérerons qu'à la fin de nos classes. Il nous est demandé de rédiger une lettre aux parents afin de leur annoncer que nous sommes bien arrivés et qu'ils ne nous reverront que dans deux mois.

Nous découvrons alors que quelques-uns d'entre nous sont orphelins et que d'autres ne savent pas écrire. Nous apprenons à faire un lit au carré, à nous habiller en tenue réglementaire, à ranger une armoire selon un modèle extrêmement précis, à nous lever aux aurores, et à faire, sans broncher ni barguigner, les travaux d'intérêt général, c'est-à-dire le ménage ! À cet apprentissage succède le temps de la formation militaire…

Douze mois plus tard, cette bande disparate d'individus venus de tous les horizons avait cédé la place à un groupe de copains unis par un même esprit de corps. L'armée nous avait apporté des procédures communes de communication, de défense, de survie et d'entretien physique qui se révèlent bien utiles lorsque le pays est en crise.

Le service militaire nous donnait un « bagage » minimum pour affronter les risques majeurs. Ce n'est plus le cas aujourd'hui. Il est donc nécessaire de procéder à une rapide évaluation de vos capacités.

1

Le point sur votre forme physique

L'armée teste annuellement la forme physique des militaires. Il en découle un verdict : apte ou non. Vous verrez plus loin l'utilité de ces tests. Ceci n'existe évidemment pas en milieu civil, où il n'y a pas de point de référence pour savoir si vous êtes en mesure d'affronter tous les types de situations.

Testez-vous !

1. Placez-vous sous une barre de traction, saisissez-la à pleines mains et suspendez-vous pendant une minute, vos pieds ne touchant pas le sol. Pourquoi ce test ? Des personnes se sont retrouvées accrochées à une balustrade au cours d'un attentat. En présence d'un public, le temps estimé pour que quelqu'un vous vienne en aide est au moins d'une minute. Ce cas peut également se produire lors de catastrophes naturelles, ou lors d'un incendie.

2. Réalisez un ramper sur 25 mètres. Vous ne devez pas exposer votre corps à plus de cinquante centimètres de hauteur. Il s'agit d'aller vous mettre à l'abri lors d'une situation dangereuse.

3. Franchissez un obstacle d'une hauteur de 90 centimètres. Cela peut vous paraître peu, mais c'est la dimension moyenne du dossier des sièges dans une salle de spectacle si vous deviez les enjamber. N'allez pas vous entraîner au cinéma du coin, vous trouverez bien une barrière de ce gabarit près de chez vous.

4. Faites une course sur 50 mètres. Il s'agit là aussi de gagner un abri, de fuir ou d'aller porter secours.

5. Marchez en équilibre sur une planche d'au moins 4 mètres de longueur et large de 10 centimètres.

Ceux qui fréquentent les salles de sport ou qui s'exercent régulièrement dans la nature souriront en voyant ces épreuves. À ceux-là, nous rappelons que c'est sur vous que l'on compte pour aider les plus faibles et les plus fragiles à survivre. Pour les autres, si vous n'arrivez pas à les surmonter, il est grand temps de vous y mettre.

Attention ! Si vous n'avez pas fait de sport depuis longtemps, une visite médicale s'impose !

La base : le cardio (le foncier)

Le cardio, c'est la base de l'endurance.

Son intérêt est de développer vos capacités pulmonaires et cardiaques.

Un cœur entraîné fonctionne plus efficacement et la tension artérielle diminue.

Le cardio renforce votre musculature par une bonne irrigation sanguine des muscles, qui voient leurs performances s'améliorer.

Votre capacité respiratoire augmente, entraînant un

meilleur apport en oxygène dans votre corps et dans votre cerveau. Le cardio provoque également une libération de sérotonine, « l'hormone du bonheur ». Il vous faut d'abord acquérir une base solide que les sportifs appellent le foncier, sorte de fondation sur laquelle vous allez pouvoir développer d'autres qualités.

Pourquoi commencer par le foncier (endurance) ?

Il s'agit pour vous de vous « remettre le pied à l'étrier ». Avant chaque saison, tous les sportifs ont une phase de foncier avant de reprendre la recherche de performances. Pour vous, il s'agira d'entraîner votre cœur sur un rythme constant et sur une longue période, mais sans forcer. Pour cela, privilégiez les longues courses à allure modérée et les marches.

En salle de sport, les machines de cardio les plus prisées sont le tapis de course, le vélo ergomètre et l'elliptique, le stepper, le simulateur d'escalier, le rameur.

Une fois que vous serez « à l'aise » avec votre souffle (cela peut prendre quelques semaines ou mois), vous aurez la possibilité d'aller plus loin.

Pourquoi le foncier est-il si important ?

Il existe un phénomène pénalisant physiquement quand on doit fuir en sprintant ou quand on doit lutter pour repousser un agresseur. Il s'agit de l'acide lactique. L'acide coupe d'un coup votre force et vous met dans l'incapacité de vous défendre. Dangereux, me direz-vous… Oui, surtout dans une situation de crise !

Résumons cela en vous expliquant la différence entre

aérobie et anaérobie. C'est un peu technique, mais il est bon de connaître ces principes de base.

Lors d'une course à pied, tel le marathonien, vous êtes en aérobie. L'énergie dont ont besoin vos muscles vient de l'oxygène que vous respirez. C'est le mode de fonctionnement des coureurs de fond.

Mais si vous faites un effort violent sur une durée qui dépend des capacités de chacun, l'oxygène ne suffit plus. Le muscle fournit sa propre énergie qu'il remplace par de l'acide lactique. Acide… donc toxique ! Ce qui veut dire qu'une fois qu'ils en sont gavés, la machine s'arrête ! C'est le cas de certains joueurs de foot qui après plusieurs courses rapides sont saisis de crampes.

En revanche, tous les efforts ne sont pas logés à la même enseigne. Si vous faites un 100 mètres, vos muscles vont essentiellement utiliser leur propre énergie, mais elle ne produira pas d'acide lactique, car l'effort aura été trop court. Sur un tatami, au bout de cinq minutes de judo intensif, vous y avez droit !

Il est donc très important pour vous de bien connaître le seuil à partir duquel votre corps, lorsqu'il a besoin d'énergie supplémentaire, va adopter, sans vous prévenir, ce mode de fonctionnement. Une fois cette limite physiologique atteinte, il ne pourra plus nettoyer les muscles de l'acide lactique et vos performances baisseront rapidement. Faire travailler votre corps à la limite de l'anaérobie[1] va lui permettre progressivement de la repousser.

---

1. Ce que les spécialistes appellent la VMA : vitesse maximale d'aérobie. La VMA peut être testée à partir d'un temps, entre 4 et

Il va s'habituer peu à peu à recycler l'acidité musculaire et, pour cela, rien de tel que le fractionné. S'entraîner à la course à pied en faisant du fractionné, c'est faire un effort en anaérobie, c'est-à-dire sans oxygène, pendant un court moment suivi d'un temps de récupération.

Dans le détail, de quoi s'agit-il ?

Le fractionné comprend une période d'effort intensif suivie d'une phase de récupération. Attention, récupérer ne veut pas dire marcher, mais courir à un rythme de footing. Exemple : courir sur un rythme de 160 à 170 pulsations cardiaque pendant 30 secondes, suivi d'une minute de récupération en footing léger, tout cela pendant une durée de 30 à 40 minutes, va très vite améliorer vos performances.

Là aussi, vous trouverez sur le Net des programmes d'entraînement mais il vous sera difficile de faire un tri entre les sportifs improvisés et les professionnels. La santé n'ayant pas de prix, adressez-vous à un coach diplômé que vous pourrez rencontrer physiquement et qui vous fera un planning d'entraînement sur mesure.

Maintenant que vous avez gagné en « souffle », on s'attaque à la FORCE !

---

6 minutes, ou d'une distance de course, entre 1 et 2 km. C'est votre vitesse de déplacement qui correspond à 100 % du débit maximum d'oxygène que vous consommez lors d'un effort. Pour les scientifiques, cela s'appelle le volume maximal d'oxygène (VO_2 max). La VMA est mesurée sur la piste en km/h. La plupart des plans d'entraînement, que ce soit pour préparer un 10 km ou un marathon, débutent par un test VMA.

Intérêt de la force

Il est utile d'avoir de la force dans bon nombre de situations. Tout être humain peut manquer de puissance à un moment donné. L'important est de ne pas être en reste le jour où l'enjeu est vital…

La force consolide les nerfs et tendons, car ce sont eux qui activent le muscle pour qu'il se contracte. En travaillant avec des charges lourdes, votre corps apprendra à solliciter un maximum de nerfs en même temps.

Avoir de la force, c'est pouvoir pousser un individu qui vous fait barrage, déplacer une armoire pour bloquer une porte dans une pièce de confinement, tirer une personne suspendue dans le vide, à une balustrade par exemple, ou porter un proche ou du matériel utile à votre survie. C'est la force qui va vous permettre de vous hisser à une fenêtre, de grimper à une corde et de contrer une résistance avec vos muscles.

On ne travaille pas la force du jour au lendemain. Comme la phase de foncier en cardio, on entraînera ses muscles progressivement. Si vous découvrez la musculation ou le CrossFit, faites-vous accompagner d'un coach, pour ne pas vous blesser et afin d'optimiser vos résultats.

Et si on allait encore un peu plus loin ? En étant EXPLOSIF !…

Intérêt de la force explosive

Lorsque vous repoussez un individu qui est agressif envers vous, soit vous le faites avec force et il recule, soit vous le poussez de manière explosive et il tombe en arrière. *Idem* pour les coups de pied : soit on pousse, soit on frappe en libérant une onde de choc.

La force explosive est le fait de déclencher une contraction musculaire maximale en un temps très court. C'est le départ d'un sprinter… Mais c'est aussi le départ d'un coup de poing chez un boxeur ou le lancer de poids d'un athlète.

Vous l'aurez compris, l'intérêt de développer une force explosive est de pouvoir fuir et de réagir avec force très rapidement, telle une explosion.

On appelle aussi la force explosive : force réactive. On la travaille de différentes manières. Il est donc très important en musculation ou autres sports de bien maîtriser le geste technique, car il est très facile de se blesser sur ces exercices.

La pliométrie est un excellent moyen de travailler son explosivité. Elle consiste en une extension rapide d'un muscle après sa contraction maximale. Par exemple en faisant des burpees et des clapping push up (pompes claquées).

Augmenter ses capacités physiques n'est pas anodin. Combiné à une force mentale éprouvée et à des connaissances techniques maîtrisées, c'est l'assurance de se donner des chances de survie dans des situations périlleuses. D'expérience et selon nous, il existe un lien étroit entre votre santé physique et votre raison mentale.

En effet, les entraînements cardio et les exercices ci-dessus font partie des protocoles appliqués par les personnels soignants, kinésithérapeutes en particulier, dans le traitement des maladies neurodégénératives. Les études menées montrent en effet que les activités de cardio soutenues, sans pour autant atteindre un état d'épuisement qui serait contre-productif, permettent de développer le processus d'oxygénation du cerveau et de relancer la synthèse de dopamine ainsi que la production des récepteurs de la dopamine. Les études montrent également un bénéfice sur les troubles cognitifs. Il est aussi conseillé de pratiquer des activités intégrant des mouvements « vigoureux », réalisés avec de l'engagement.

Tout le monde n'a pas forcément accès à une salle de sport. Après votre période de foncier, voici quelques exercices à faire chez vous.

PROPOSITION DE CIRCUIT TRAINING

Circuit training complet pour débutant sans matériel. Lisez attentivement les consignes.

Le bloc comprend tous les exercices qui sont à faire **à la suite** sans récupération entre chacun d'eux. Celle-ci, d'une durée de trois minutes, n'est réalisée qu'une fois le bloc terminé.

Il est possible de faire ce type d'exercices 2 à 3 fois par semaine. Si vous n'avez jamais fait de sport, commencez par de la marche rapide, ces exercices viendront ensuite.

Répétition du circuit 4-5-6 fois en fonction de votre capacité.

Vous pouvez choisir 6 ou 8 exercices dans cette liste ou prendre les 10 pour faire votre circuit. Basez-vous sur un temps de travail de 20-30 secondes et un temps de récupération de 2-3 minutes après avoir fait le bloc complet, soit vos 6-8 ou 10 exercices pour les meilleurs.

Il est bon d'alterner le haut puis le bas du corps pour faire travailler votre cardio.

Exercice 1 : pompe

Exercice 2 : squat jump

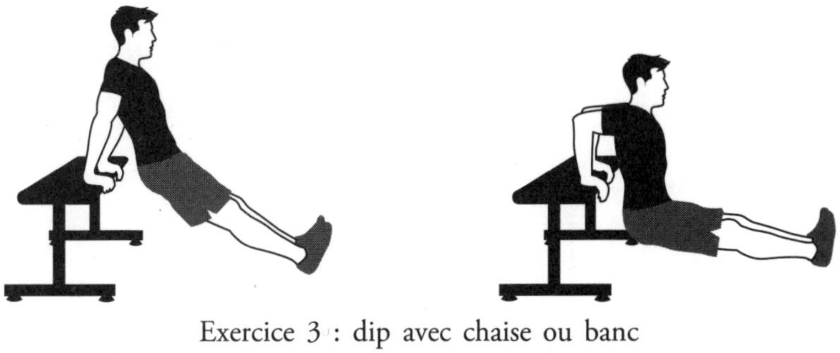

Exercice 3 : dip avec chaise ou banc

Exercice 4 : jumping jack

Exercice 5 : dead bug

Exercice 6 : montée de chaise

Exercice 7 : mountain climber

Exercice 8 : burpee

Exercice 9 : crunch

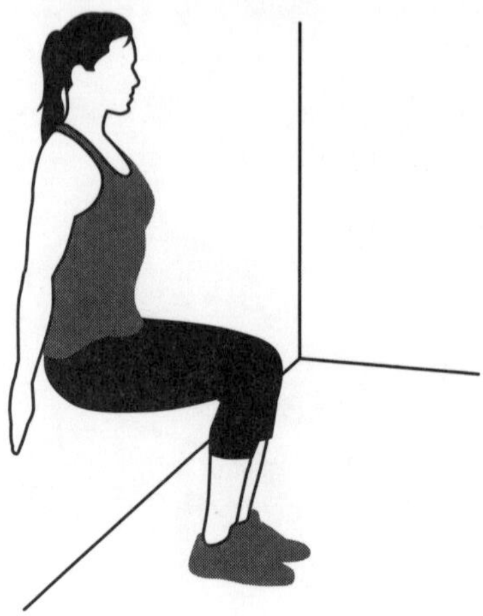

Exercice 10 : chaise

TÉMOIGNAGE D'ATON

Les tests militaires

L'armée attache beaucoup de soin au recrutement et à l'entretien de ses personnels.

Selon les unités et le niveau requis, les recruteurs aménagent des tests physiques en fonction des besoins des missions.

En ce qui concerne le GIGN, on teste le premier jour sur les agrès : tractions, pompes et abdos (en faire le maximum en une seule fois), suivis d'un grimper de corde et d'une course à pied, chaque candidat étant lesté d'un sac de 13 kilos. En fonction de ses premiers résultats, chacun sait déjà s'il peut rester ou retourner le soir à son unité. Sur le reste de la semaine, on teste les phobies, la peur du vide, la claustrophobie, la gestion du stress, mais aussi la mémoire, les connaissances générales, la topographie, etc. En résumé, on cherche à connaître le potentiel individuel de chacun afin d'en faire un combattant d'élite.

Au GIGN, on sélectionne sur les capacités physiques et mentales mais également sur les facultés de chacun à gérer le stress et à vivre en conditions dégradées. Pour nous, chaque prétendant doit avoir la pleine maîtrise de ses capacités lorsqu'il se présente aux tests de sélection. Aucun instructeur ne perdra son temps à vous apprendre à gérer le froid, le stress ou à surmonter vos phobies.

Chacun peut, dans la plupart des cas, en venir à bout. Cela s'appelle l'aguerrissement, et nécessite simplement de la volonté. Pour surmonter ma peur du vide, je me suis entraîné à l'escalade et j'ai marché sur des margelles à grande hauteur (assurez-vous, quand même). C'est en passant des nuits dehors en hiver et en prenant des douches froides que je me suis accoutumé au froid. J'ai toujours couru été comme hiver en short et tee-shirt, comme à l'armée.

L'aguerrissement fait partie de la préparation individuelle du soldat.

2

Le mental

Ce chapitre consacré au mental est dans sa totalité tiré de l'expérience d'Aton.

En situation de crise ou lors de votre préparation physique, le mental joue un rôle primordial.

Lors de vos entraînements, il peut arriver que votre corps soit abîmé. Cherchez alors en vous la volonté qui va vous permettre d'avancer. Pour cela, il est nécessaire d'avoir une motivation qui surpasse l'envie de tout laisser tomber.

Il vous faudra trouver des raisons d'accepter la souffrance. Vous devrez garder le cap sur cette volonté et rester fort face aux multitudes excuses qui ne manqueront pas de fuser dans votre tête pour vous détourner de votre objectif. Élargissez votre zone de confort en vous confrontant à l'adversité ! À force d'éprouver votre motivation de multiples fois, vous gagnerez en détermination et en confiance dans vos capacités. Confronté à une crise, il ne vous restera plus alors qu'à gérer votre stress.

Comment gérer son stress

Le stress touche tout le monde ! Si certains arrivent à le gérer, pourquoi pas vous ?

Que ce soit au GIGN ou lors des quelques tournages que j'ai pu faire, j'en ai été le témoin. Le stress est une réaction physiologique et psychologique due à une crise qui vient soit de l'extérieur (agression, accident, demande exigeante), soit de l'intérieur, c'est-à-dire de vous-même. L'origine peut en être vos croyances, vos doutes, vos peurs, votre perception des événements, etc.

Que va-t-il provoquer ?

- La perte de vos moyens physiques et psychologiques ;
- la désorganisation de vos pensées ;
- une procrastination ;
- des sautes d'humeur ;
- des maux de tête ;
- de l'insomnie ;
- des addictions : il peut en contraindre certains à chercher refuge sur les réseaux sociaux, dans les jeux, etc.

La dépression est l'inévitable conséquence d'une longue exposition au stress.

Que pouvez-vous faire ?

- Tout d'abord essayez de repérer les agents « stresseurs » afin de vous en éloigner si vous en avez la possibilité.
- Confrontez la réalité des événements à la perception que vous en avez.

- Soyez persuadé que, hormis de rares cas, rien n'est jamais définitif et que tout se rattrape avec un peu de volonté.

Pour combattre le stress :

- Apprenez à respirer afin de ralentir votre rythme cardiaque. Prenez comme exemple la cohérence cardiaque, un exercice qui consiste à faire 5 secondes d'inspiration puis 5 secondes d'expiration, six fois par minute. Ceci pendant 5 minutes.
- Ralentissez vos gestes si vous êtes agité, ralentissez votre pensée si vos idées se bousculent. Pour cela, la volonté suffit.
- À l'inverse, si le stress se manifeste alors que vous êtes immobile, bougez, respirez et reprenez le contrôle de votre corps et de votre esprit.
- Prenez du recul. Autorisez-vous l'erreur en vous disant que vous faites de votre mieux et que vous allez continuer à le faire. Cela peut vous aider à ne pas craindre le jugement d'autrui. *Si je blesse, c'est sans le vouloir, si c'est injuste ou si c'est une erreur de ma part, je m'en excuse. Que faire de plus ?*
- Lorsque vous conduisez votre voiture, dans un virage, vous ne regardez jamais là où vous ne voulez pas aller car c'est le meilleur moyen pour avoir un accident ! Faites de même quand le stress vous envahit. Cherchez des solutions au lieu de rester focus sur les conséquences passées ou à venir de la crise.
- Couchez par écrit vos objectifs, votre chemin, vos solutions.
- Lâchez prise sur tout ce qui ne dépend pas de vous.

- Replacez-vous à l'échelle de l'univers et vous remarquerez que finalement nous ne sommes pas grand-chose, qu'avant vous la Terre tournait et qu'elle continuera de tourner après vous.
- Le stress et les responsabilités se transmettent parfois comme une patate chaude. Identifiez bien les vôtres. Écartez ce qui n'est pas de votre ressort.
- Partagez, en cherchant du réconfort. Choisissez bien vos interlocuteurs en évitant les gens négatifs qui portent sur eux toute la misère du monde et qui aiment la répandre. Dans votre entourage proche, privilégiez les personnes pragmatiques, de bon sens, qui sauront vous éclairer sur vos priorités.

Pour prévenir le stress :

La santé et le mode de vie jouent un rôle important sur la prévention du stress.

- Ayez une alimentation équilibrée.
- Une bonne hydratation adaptée à vos besoins et à votre activité.
- Dormez au moins six heures par nuit.
- Suivez un entraînement physique minimum.
- Osez dire NON ! Cela s'apprend, le plus difficile est de commencer mais vous verrez, on y prend goût rapidement. Vouloir s'acharner à faire plaisir à tout le monde, c'est ne faire plaisir à personne.
- Apprenez à rester insensible au jugement des autres. Quoi que vous fassiez, vous serez toujours le con de quelqu'un !
- Ne vous obstinez pas à vendre une image qui n'est pas la vôtre ! C'est le meilleur moyen de se prendre les pieds dans le tapis. Pour obtenir un poste, il est

tentant pour quelques-uns de mettre en avant des compétences ou une expérience qu'ils n'ont pas. Avec cette imposture, ils s'infligent un facteur de stress énorme car il leur faudra en permanence camoufler leur incompétence. Souvent, dans ce cas, la mauvaise foi fait le reste…

Pour conclure, faites toujours de votre mieux et anticipez vos réactions lorsque les crises sont prévisibles. Faites preuve de logique et de bon sens en raisonnant simplement. Vous n'êtes pas responsable de ce que les autres attendent de vous si vous avez été clair au départ.

N'oubliez pas : il y a dans ce monde une minorité de gens qui surestiment leurs capacités alors que la majorité d'entre nous ignorons nos ressources.

Lutter contre le stress demande de l'adaptation.

Nous ne sommes peut-être pas des héros Marvel,

mais si l'on croit en nous, rien n'est impossible.

NO STRESS !

Comment gérer ses peurs et ses phobies

Chacun d'entre nous vit avec ses peurs, rationnelles ou pas, qui nous permettent de nous protéger, mais qui, parfois, nous empêchent d'avancer.

La peur est une émotion primaire, tout comme la colère, la joie et bien d'autres…

Son rôle est de nous préserver d'un danger imminent en nous envoyant des signaux d'alerte. Son déclenchement se fait par la pensée ou par un stimulus sensoriel de l'un des cinq sens (le toucher, l'ouïe, la vue, le goût et l'odorat). L'organisme se met immédiatement en état de choc et envoie une décharge d'adrénaline. Il s'ensuit alors une accélération du rythme cardiaque, des tremblements ainsi que des tensions musculaires.

La peur entraîne alors plusieurs types de réactions, principalement l'agitation et la paralysie. Maîtriser sa peur, c'est réduire celle-ci à un simple signal d'alerte qui va mobiliser notre attention et notre concentration. Dès lors, elle devient positive pour notre survie.

L'inconnu fait peur et si nous voulons éviter l'effet de surprise et ce qu'il engendre, à savoir la surréaction ou la sidération, il est préférable d'imaginer le pire afin d'anticiper les actions possibles. Ainsi, vous libérez votre cerveau d'une crainte en l'ayant gérée psychologiquement de façon préventive.

Être membre du GIGN amène une lourde responsabilité et forcément des doutes. Si je manque un tir sur un preneur d'otage, les conséquences peuvent être dramatiques. Là se situe la frontière étroite entre le stress et la peur. Le premier exige de s'adapter alors que la peur est une émotion devant un danger. Or, avoir à ouvrir le feu dans une situation où le stress est déjà présent et en sachant que votre action va être déterminante pour la vie de l'otage fait de ce stress la somme de toutes les peurs.

Pour anéantir cette pensée stressante lors des missions où j'ai eu à ouvrir le feu, je me suis rassuré en confrontant ma peur avec le temps passé au stand de tir à m'entraîner et à mes résultats sur cibles. Ainsi, je confronte ma capacité réelle et mon aptitude au tir juste à ma pensée irrationnelle de pouvoir manquer ma cible.

Le cerveau, lui, ne fait pas la différence entre une situation réelle et une situation imaginaire. En effet, l'imagination et les perceptions visuelle et auditive sollicitent les mêmes zones cérébrales. En partant de cela, il est possible de travailler sur son subconscient en s'imaginant triomphant de sa peur. Avant les tests GIGN, je m'imaginais déjà en intervention aux côtés des anciens. C'est ainsi que j'ai pu rendre beaucoup de choses possibles. Anticiper, c'est faire la moitié du chemin.

Les peurs sont parfois ancestrales et il arrive qu'elles se transmettent par les parents. La mère ou le père peuvent par exemple avoir été pris de panique devant leur enfant. Une peur des chats peut de cette façon devenir aussi irrationnelle qu'héréditaire. Le chat étant associé à des cris et à la crainte du parent, l'enfant ne sera pas en mesure de voir le chat comme un animal familier et affectueux. Du moins, s'il n'agit pas contre ça.

Le film *Les Oiseaux*, de Hitchcock, a traumatisé l'enfant que j'étais. J'ai réussi à surmonter ma peur en traversant la place Saint-Marc de Venise. Là-bas, les pigeons se posent sur les passants. Par la respiration, je suis arrivé à me contrôler et ainsi à supporter les oiseaux juchés sur moi durant de longues minutes. En associant les volatiles à une balade agréable, j'ai reprogrammé ma vision de l'animal.

L'une des clés pour anéantir ses peurs est de s'y confronter.

Il vous faut identifier vos peurs afin de comprendre d'où elles viennent, évaluer leur rationalité (ce qui est réel et ce qui est du réassort de votre imagination), vous positionner en vainqueur de cette peur par la pensée, le tout à votre rythme en travaillant sur votre respiration. Vous répéterez cette confrontation afin de créer une habitude et une totale maîtrise de celle-ci.

La peur de la mort

Souvent, j'ai dû envisager ma mort comme la conséquence d'une action professionnelle. Très tôt, j'ai compris que pour vivre sereinement dans mon métier, il m'était indispensable de dompter cette crainte.

Je me suis donc convaincu que la mort frapperait au moment où elle l'aurait décidé. Dans l'impossibilité de modifier le destin, même funeste, je me concentre sur ce qui pourrait me le faire accepter. Dans ce livre, nous vous plaçons fréquemment dans des situations violentes où votre vie pourrait être menacée. Si malheureusement c'était un jour le cas, soyez prêt à lui donner un prix. Nous vous le martelons tout au long de ce livre : faites preuve de bon sens. N'allez pas jouer les héros si vous n'y êtes pas préparé. Vous pouvez brutalement vous retrouver plongé au milieu d'événements tragiques. Nous vous en avons cité quelques-uns et parmi eux, la tuerie de masse.

Dans une telle situation et dans d'autres, vous n'aurez que quelques secondes, tout au plus deux ou trois minutes, pour vous décider : attendre la mort passivement ou agir. Dans les deux cas, il faut vous préparer. On entend déjà vos commentaires : vous êtes gonflés, les gars, qu'est-ce que vous y connaissez en matière de mort ? Pas faux : ceux qui ont pratiqué la chose ne sont jamais revenus pour en parler, vu qu'il est impossible de rembobiner le film de sa vie.

Mais si, à l'instant où vous allez vous mettre en danger, vous avez fait, bien en amont, ce travail d'introspection, votre esprit sera concentré sur la tâche que vous avez décidé d'accomplir. La mort, phénomène inéluctable, nous la voyons avec des yeux de guerrier.

Aton et la mort

La mort, il l'a donnée et elle l'a frôlé à de nombreuses reprises. En prenant ses ordres à Dammartin, il apprend qu'avec deux frères d'armes ils vont devoir pénétrer par une étroite fenêtre dans l'imprimerie où sont retranchés les Kouachi. Lourdement armés, ceux-ci vont ouvrir le feu avant que le trinôme ait pris pied dans le bâtiment. Eux veulent buter du flic avant de mourir.

– Vous êtes volontaires ? demande leur chef.

Les trois casques se lèvent pour révéler des yeux étonnés. La réponse tombe sous le sens. À quoi bon être au GIGN si c'est pour se défiler quand la mort se présente ?

– On aura eu une belle vie, dit l'un.

– On se retrouve pour une bière, au bistrot du coin, chez Jésus ! plaisante l'autre.

– Tant que rien de vital n'est touché, on avance et on tire ! conclut Aton.

Puis ce sont les poignées de main avec les autres opérationnels, comme pour un adieu. Dernier appel à l'épouse qui s'inquiète, les mots sonnent faux, elle a compris.

Embarquement dans le Sherpa, ce monstre d'acier qui va les conduire jusqu'à cette fenêtre du premier étage à partir de laquelle la mission commencera. Les Kouachi en décideront autrement en sortant pour un ultime assaut qui les verra s'empaler sur les balles des militaires du GIGN.

Cette entrevue avec la mort, chaque opérationnel y pense. Aton a fait cette démarche en faisant régulièrement la rétrospective du chemin déjà parcouru. Ses réussites, ses échecs, l'image qu'il laisse aux siens, tout cela a été longuement réfléchi, pesé, discuté. Ce jour-là, à Dammartin, c'est l'esprit apaisé et concentré sur la mission qu'il part pour ce qu'il croit être son dernier combat.

La mort n'a pas voulu de lui en Libye ni ailleurs. Mais, comme si elle en avait marre d'attendre, elle lui a adressé un signe, une nuit lors d'un saut en parachute à haute altitude. Il ne s'ouvre pas. Aton lutte puis se résigne. Il ne s'en fout pas de la mort, c'est même plutôt emmerdant, mais il est prêt ! À moins de 300 mètres du sol, la faucheuse se retire du jeu et libère la toile.

Nul ne peut connaître son avenir, mais préparez-vous si jamais vous deviez vous exposer un jour pour sauver des vies. La seule pensée de la mort fait fuir beaucoup d'entre nous alors qu'elle fait partie de l'existence. Ne vous mettez pas la tête dans le sable en vous disant qu'il n'y a rien qui puisse vous aider face à elle.

C'est vrai qu'il n'y a pas de tutos sur la question, mais en y réfléchissant et en faisant le point de temps à autre, vous serez prêt à y faire face. Si vous êtes croyant, quelle que soit votre religion, méditez. La réflexion n'a jamais tué personne, la méditation encore moins.

Vous ne voyez pas sur quel sujet réfléchir ou méditer ? Voici un thème…

« Combien de temps,
Combien de temps encore
Des années, des jours, des heures, combien ?
Je m'en fous, mon amour
Quand l'orchestre s'arrêtera,
Je danserai encore… »

Serge Reggiani, « Le temps qui reste ».

3

Le point sur votre potentiel technique

Face à certaines situations périlleuses, avoir un mental à toute épreuve et un physique de marmule ne suffit pas. Là encore, on peut regretter la disparition du bon vieux service militaire. Voici les connaissances basiques nécessaires en cas de crise grave (terrorisme, guerre) :

– savoir se défendre et se protéger face à un individu violent ;

– savoir s'orienter (lire une carte et se servir d'une boussole quand les réseaux ne fonctionnent plus) ;

– savoir se déplacer dans une zone de danger (quartiers dangereux, pays en guerre, nature hostile) ;

– savoir donner à un service d'urgences toutes les informations utiles en moins d'une minute ;

– savoir se cacher et se protéger des effets des munitions et des explosifs fréquemment utilisés par les terroristes. Sachez qu'un mur en placo, une porte en bois ou même une portière de voiture ne vous protègent pas d'une balle de kalachnikov ;

– avoir un minimum de connaissances sur le fonctionnement des armes ;

– connaître les rudiments de la survie (s'abriter, faire

du feu, purifier l'eau et se nourrir, dixit l'ami Wild Max, ex-GIGN) ;

– connaître les gestes de premiers secours pour soi et pour autrui ;

– connaître les fondamentaux de la légitime défense et de la négociation face à une personne dangereuse : ce que l'on peut dire et ce que l'on ne doit surtout pas dire ;

– apprendre à développer sa mémoire qui risque de faire défaut en situation de panique (retenir un itinéraire, une plaque d'immatriculation, un numéro de téléphone, etc.).

4

Comment améliorer votre potentiel de défense

Il est possible pour chacun d'entre nous d'avoir le niveau que l'on souhaite en matière de survie et de défense. Certains se mettent aux sports de combat après avoir été agressés, comme pour se dire : « Plus jamais ça. » D'autres apprennent des gestes de premiers secours après s'être sentis inutiles face à un blessé ou, pire, à un mourant.

En général, les individus agissent en réaction et non en prévention et c'est tout l'objet de ce livre : vous sensibiliser à l'importance de l'anticipation.

Pour le physique, on vous préconise :

– la musculation, le CrossFit pour vos muscles ;

– l'athlétisme pour vos capacités pulmonaires et cardiaques ;

– la natation, le triathlon pour la maîtrise face aux éléments naturels ;

– l'escalade pour la technique de franchissement.

Pour l'autodéfense, il existe deux écoles complémentaires : les sports de combat et la self-défense.

Dans les sports de combat, il y a deux familles : percussion et préhension. Entendez le fait de donner des coups et de maîtriser un individu au sol. L'idéal étant de réunir ces deux familles par le MMA, le jiu-jitsu brésilien, la boxe pieds-poings.

Dans la self-défense, nous nous intéresserons au krav-maga et au penchak-silat.

Bien sûr, il existe d'autres sports de combat et arts martiaux, mais ceux mentionnés ci-dessus nous semblent assez complémentaires. En situation réelle, vous piocherez dans toutes ces disciplines.

Vous devez être capable :

– de parer des coups, de les bloquer et de frapper avec les poings et les pieds ;

– d'amener un adversaire au sol, de le maîtriser, de réagir face à une arme et de connaître les zones de frappes efficaces ;

– de savoir à quel moment fuir en choisissant le moment opportun.

À partir de la boxe, vous vous serez familiarisé pour la recherche du KO, utile en combat de rue. Provoquer le KO avec les pieds, les tibias et les poings en frappant les tempes, la pointe du menton, le plexus solaire, le foie.

Attention ! Frapper sans gants peut occasionner des lésions osseuses.

On peut frapper mains ouvertes (avec la paume inférieure de la main ou le tranchant de la main) sur les parties les plus dures telles que la pointe de menton comme pour mettre une gifle (rotation du pied d'appui, des hanches et « coup droit » comme au tennis).

Zones de frappes efficaces pour blesser :

– les yeux (frappes mains ouvertes avec les doigts) ;

– la gorge (frappes poing fermé car le cou est mou) ;

– les testicules pour les hommes, la vulve et la poitrine pour les femmes ;
– les genoux et les tibias.

Si nous sommes dans un endroit avec peu de débattement, on peut frapper avec les coudes sur les mêmes zones, mais aussi sur la clavicule qui casse assez facilement, ce qui provoque une douleur intense, *idem* pour les hanches.

Dans le cadre de la légitime défense, si vous faites face à un individu qui veut tuer, vous ou autrui, une frappe à la tête avec un outil sera le plus efficace.

Dans un combat, la partie qu'il vous faut protéger en priorité lorsque les coups pleuvent, c'est votre tête. Si vous tombez KO, votre adversaire pourra continuer à vous frapper au sol sans défense de votre part. On protège donc la tête, on pousse ou on frappe pour fuir.

Si vous en avez la possibilité, il est bénéfique de posséder un sac de frappe. N'oubliez cependant pas qu'« il ne rend pas les coups » (Bruce Lee) !

L'entraînement et la répétition des gestes dans différentes configurations seront déterminants. Dans la pratique des arts martiaux, on peut très rapidement s'autosatisfaire de son niveau dans le dojo. Soit en se comparant aux autres élèves, soit en réagissant « efficacement » à des attaques qui n'en sont pas réellement. La rue ne fait pas de cadeau, il n'y a pas de règles, un combat peut commencer à un contre un et se terminer à cinq contre un. Il arrive qu'un couteau ou une arme à feu s'invite dans la confrontation. Votre salle d'entraînement n'est pas la rue !

Tentez de rapprocher vos entraînements, vos combats au plus proche de la réalité. Même si vous ne pourrez pas l'atteindre, l'effet de surprise produit vous donnera une indication sur votre capacité à réagir.

Si vous avez une bombe lacrymogène sur vous, entraînez-vous à la sortir rapidement. Ce n'est pas dans un parking souterrain, face à un agresseur, qu'il vous faudra aller la chercher au fond d'un sac à main, entre le rouge à lèvres et le portefeuille…

Utiliser les sports de combat et la self-défense sans une détermination extrême et sans la volonté de blesser ne vous sert à rien !

S'ORIENTER

Expérience de Jean-Luc

Si toute action militaire est conditionnée par le renseignement, celui-ci exige une précision topographique sans faille. Cela fait bien longtemps que la plupart d'entre nous n'utilisent plus de cartes, GPS, Waze et autres les ayant remplacées. Il n'est pas question de changer vos habitudes, mais je vous propose de vous plonger dans une situation dégradée, celle où plus rien ne fonctionne : GPS, internet, téléphones.

Prévoyant, vous avez acheté deux cartes. La première est un plan IGN au 1/25 000 qui regorge de détails, la seconde est une carte routière de la région qui vous permettra de couvrir de longues distances si le besoin s'en fait sentir. Si la routière ne pose aucun problème d'utilisation, la carte IGN exige un minimum de connaissances.

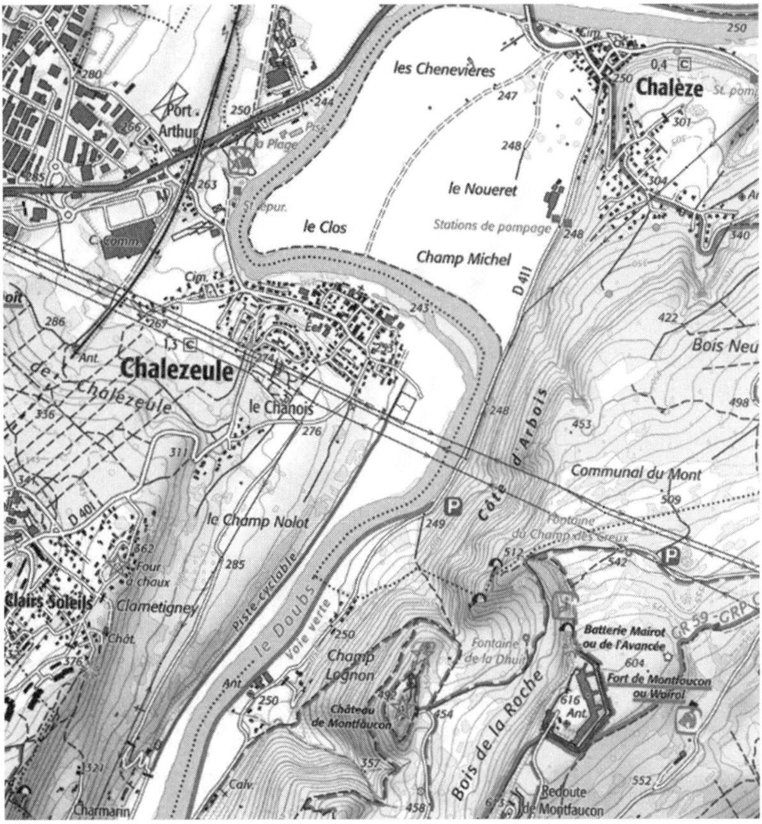

Carte IGN n° 3323 E.T. Besançon, 14 juin 2020.

Commencez par étudier la légende qui se trouve en bas et à droite de la carte. À gauche, vous trouverez l'équidistance des courbes de niveau. Celles-ci vous donnent des indications sur le relief du terrain. Rien de compliqué, mais très important si vous devez vous déplacer. Dans l'exemple ci-dessus, sous l'indication « côte d'Arbois », vous voyez que les courbes de niveau sont resserrées, signe que la pente est forte. Plus à l'ouest, vers le village de Chalezeule, ces courbes qui sont espacées indiquent une faible déclivité.

Par convention sur une carte, le nord est situé vers

le haut du plan. Il vous faut donc, lorsque vous voulez déterminer votre position exacte, superposer le nord de la carte et le nord de la boussole. Pour cela vous devez aligner le quadrillage vertical de la carte IGN ou à défaut son bord avec l'aiguille de la boussole indiquant le nord. Vous devez maintenant identifier au moins deux points caractéristiques du terrain qui vont vous permettre de déterminer votre position.

Vous n'avez pas prévu de boussole ? Tenez votre montre horizontalement. Orientez la petite aiguille des heures vers le soleil. Celle-ci forme un angle avec le chiffre 12. La bissectrice (la droite qui partage cet angle en deux) vous donne la direction du sud.

Retenez que le soleil se lève à l'est, à midi il est au sud et il se couche à l'ouest. La méthode de la montre telle qu'indiquée n'est valable que dans l'hémisphère nord. Pour que la mesure soit exacte, pensez à mettre votre montre à l'heure du soleil. En été, s'il est 14 heures, il est midi au soleil. En hiver, s'il est 14 heures, il est 13 heures au soleil. Un dernier point, il est souhaitable de posséder une montre automatique qui se remonte avec le mouvement du poignet. Utile, lorsqu'il n'y a plus d'électricité.

Ne sortez que si cela est indispensable ou si les informations que vous possédez vous assurent de pouvoir le faire en toute sécurité. Préparez votre itinéraire sur la carte en le découpant en tronçons délimités par des points de repère visibles de loin. Exemple : *Je quitte l'immeuble pour prendre plein nord et je me dirige vers la station de bus. Là, je pars nord-ouest à 200 mètres, quand je bute sur la quatre-voies je vais vers l'ouest sur 500 mètres vers le château d'eau, et ainsi de suite…* Cela demande, bien sûr, d'avoir étalonné votre pas auparavant.

Il peut être préférable de ne faire certains déplacements que la nuit. Si vous allez chercher du ravitaillement, vous risquez de faire l'objet de convoitises, une vigilance accrue s'impose. Aucun problème pour vous : la nuit, on écoute ! Arrêtez-vous fréquemment et tendez l'oreille pour percevoir un éventuel danger. L'observation nocturne à la campagne se fait du bas vers le haut, marchez donc en fond de vallée afin de distinguer les silhouettes qui pourraient se détacher sur les crêtes. Soyez discret, la nuit les bruits portent beaucoup plus loin que le jour. Déplacez-vous par bonds, en courant le jour et en marchant la nuit (car on focalise sur la vue le jour et le bruit la nuit). Bien sûr, pas de vêtements multicolores, mais sombres et surtout pas noirs.

Vous pouvez compléter ce premier enseignement basique, en particulier si vous habitez la campagne, par des déplacements à l'azimut. Celui-ci est l'angle que fait la direction de marche avec le nord. En suivant un azimut 90 degrés, on marche plein est. Cette méthode permettra, dans des situations délicates, de vous affranchir des routes et des chemins.

SIGNALER UN ÉVÉNEMENT AU 17

(Exemple pour ne rien oublier)

Qui : *Deux hommes armés*
Où : *Rue de la République*
Quoi : *Braquage d'une banque*
Quand : *Il y a deux minutes*
Comment : *Ils sont toujours à l'intérieur*
Je suis : *Je m'appelle Durand et je suis dans le café d'en face*
Je vois : *Une voiture stationne devant la banque et quelqu'un vient de sortir, il est blessé et gît sur le trottoir*
Je fais : *Je reste et j'observe*
Je demande : *Il faut des secours, le blessé ne bouge pas*

MOYENS MNÉMOTECHNIQUES

Donner la description d'un véhicule (COVID)
C : Catégorie, type, marque et couleur : *voiture, SUV, moto (par ex. : BMW X5 noire)*
O : Occupants : *nombre, sexe, signes particuliers*
V : Visuel : *tous les détails que vous avez pu observer*
I : Immatriculation
D : Direction de fuite

Donner la description d'un individu (SATAP)
S : Sexe
A : Âge approximatif
T : Taille
A : Attitude : *agressif, est armé, a fui vers…*
P : Particularités : *vêtements, tatouages, piercings, etc.*

ALPHABET RADIO INTERNATIONAL

(Alphabet phonétique OTAN)

A	Alpha	N	November
B	Bravo	O	Oscar
C	Charlie	P	Papa
D	Delta	Q	Quebec
E	Echo	R	Romeo
F	Fox-Trot	S	Sierra
G	Golf	T	Tango
H	Hotel	U	Uniform
I	India	V	Victor
J	Juliette	W	Whisky
K	Kilo	X	X-ray
L	Lima	Y	Yankee
M	Mike	Z	Zoulou

L'alphabet radio international, appelé également alphabet phonétique de l'OTAN, est utilisé par les services de secours (pompiers, gendarmerie, police, sécurité civile, Croix-Rouge et armée). Il a été étudié pour être prononçable à l'international.

Exemple :

– J'ai besoin d'une évacuation sanitaire urgente. Lieu d'évacuation du blessé : place de l'Église à Clochemerle.

– Épelez !

– Charlie, Lima, Oscar, Charlie, Hotel, Echo, Mike, Echo, Romeo, Lima, Echo.

Ceci vous évitera les hésitations : H comme heu… hôpital, L comme… laverie, etc.

Les armes à feu et leurs dégâts

Voici une classification des zones létales établies par la médecine d'urgence :

– Blessures entraînant une mort instantanée ou une mise hors de combat immédiate : cœur, cerveau, aorte, cervicales.

– Blessures entraînant une mise hors de combat rapide : thorax, rate, foie.

– Blessures entraînant une mort à court terme en l'absence de prise en charge : abdomen, plaies avec hémorragie interne.

Une personne touchée avec le ventre vide aura les tissus beaucoup plus élastiques et donc capables d'absorber les effets créés par la cavitation temporaire. À l'inverse, les dégâts provoqués sur un estomac plein sont irréparables dans la plupart des cas.

Ce chapitre, très technique, peut devenir complexe à lire avec sa multitude de chiffres.

Faisons simple. Les risques sont les suivants, selon les munitions :

La munition blindée est la plus répandue (la moins chère).

Son effet équivaut à une flèche que rien n'arrête sur son passage. L'inconvénient est qu'en traversant un corps, elle peut blesser, voire tuer une autre personne. Pour stopper la personne visée, l'ogive (la balle) doit toucher un organe vital ou un os indispensable à la mobilité (fémur, hanche).

BALADE DANS LES BOIS EN PÉRIODE DE CHASSE

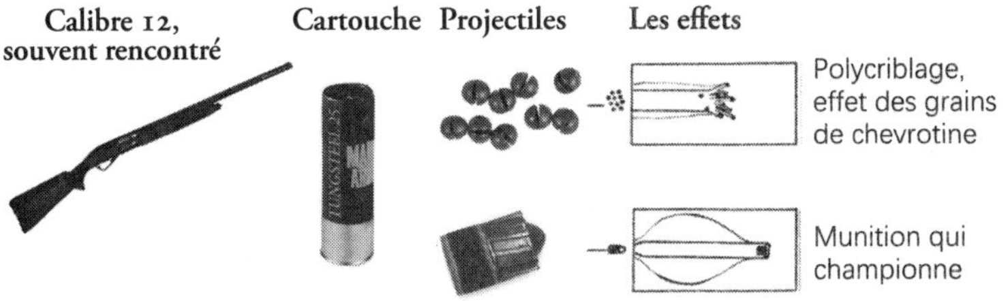

VOL À MAIN ARMÉE

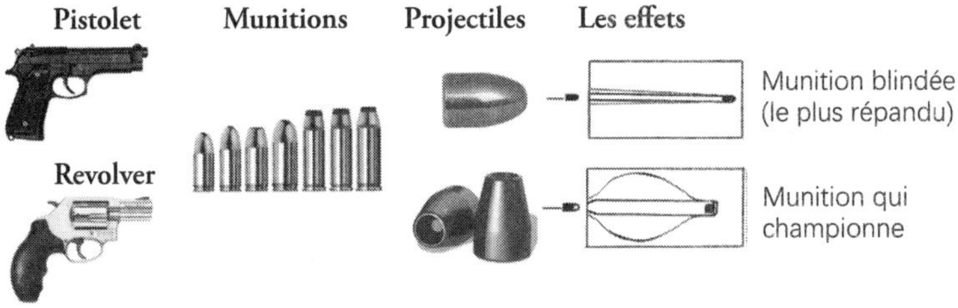

GUERRES, ATTENTATS...

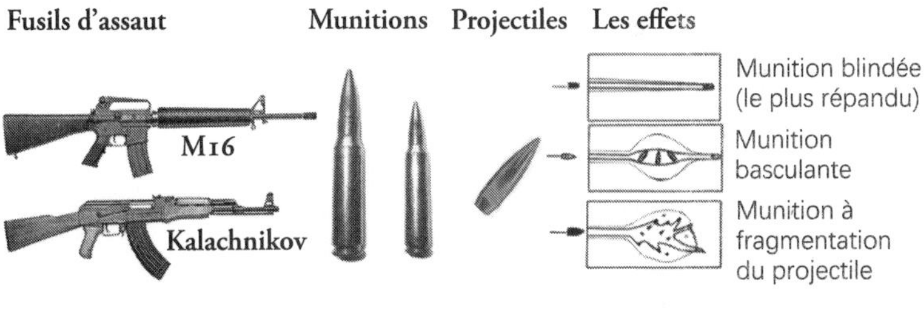

Par comparaison, les autres munitions ont des effets plus dévastateurs. Celles qui champignonnent, tel un coup de poing, s'écrasent comme une crêpe. L'ogive qui se fragmente ainsi que les grains de la munition de chasse engendrent à eux seuls une multitude de blessures dans le corps. Comme les basculantes, ces dernières occasionnent une surface de pénétration plus importante.

Se protéger d'une munition de kalachnikov

Vous êtes protégé derrière :
– un mur porteur en béton ;
– une porte blindée avec plaque d'acier ;
– 60 centimètres de sable ou de terre ;
– une voiture blindée ;
– un essieu de voiture ou un bloc moteur.

Vous n'êtes pas protégé derrière :
– un mur en placo ou en parpaings creux ;
– une portière de voiture, un pare-brise ;
– une porte en PVC, bois, double vitrage.

Beaucoup se sentent puissants lorsqu'ils possèdent une arme à feu. C'est une illusion relative. Il existe peu de tireurs précis et capables de résoudre un incident de tir dans l'action.

Détenir une arme engendre une grande responsabilité, se faire désarmer ou se faire voler son arme peut avoir de graves conséquences. Elle doit être stockée dans un lieu sûr et sécurisé.

VOICI CE QU'EN DIT ATON

« Quand la raison et la capacité au dialogue quittent un homme, la violence s'invite.
Pour répondre à sa folie parfois meurtrière, il ne reste que l'usage de la force.
Le monde est ainsi fait…
Chaque cartouche tirée est pour moi un échec de l'humanité, dans le sens où elle n'a pu l'empêcher. »

Secourisme

Il est très probable que, confronté à des circonstances extrêmes, vous soyez dans l'obligation de porter secours. Cela peut concerner vos proches, des amis ou des inconnus malades ou blessés. Comme nous vous l'avons dit précédemment, porter secours ne s'improvise pas et ne s'apprend pas avec des tutos, cela se pratique ! La Croix-Rouge et les pompiers organisent des stages régulièrement, renseignez-vous.

Évaluez une victime

• Faites-le en 30 secondes selon la méthode START ABC (Simple Triage And Rapid Treatment) en application par les services de secours[1].

Le temps étant un facteur clé dans la prise en charge des blessés graves, cette méthode permet l'identification

1. ABC signifie « Airways, Bleeding, Cognition », c'est-à-dire : « voies aériennes, saignement, conscience ».

des blessures et leur traitement rapide. Une seule personne peut ainsi sauver un grand nombre de victimes. Ne vous occupez pas de ceux qui marchent.

• Le blessé respire-t-il ?

L'air passe-t-il bien dans ses poumons ? Si nécessaire, effectuez le retrait des corps étrangers par des manœuvres simples. Si la respiration est efficace et la victime consciente, mettez-la en position semi-assise.

• Le blessé saigne-t-il ?

Une perte importante de sang correspond à un mouchoir totalement imbibé en quelques secondes. Allongez la victime. Stoppez l'hémorragie en comprimant directement la plaie ou par un garrot.

• Le blessé est-il conscient ?

Il vous faut déterminer son état de conscience. S'il est inconscient et qu'il respire, mettez-le en position latérale de sécurité (PLS).

Gestes que vous devez connaître

- Faire un point de compression : il s'agit d'arrêter un saignement artériel en comprimant l'artère là où elle croise un os. Par exemple, pour une blessure à la cuisse on comprimera au milieu de l'aine.
- Poser un garrot : il s'agit là aussi d'arrêter une hémorragie, mais il n'y a que deux endroits pour le faire. Le haut du bras et le haut de la cuisse. Inscrivez sur le garrot ou sur le front de la victime l'heure de sa pose. En effet, si celui-ci est laissé trop longtemps, il peut occasionner la perte d'un membre.
- Savoir pratiquer le bouche-à-bouche et le massage cardiaque.

- Réaliser une suture des plaies, faire une piqûre de tous types, pratiquer la manœuvre de Heimlich sur un adulte en cas d'étouffement ainsi que la technique à appliquer à un bébé.

Tout cela ne s'improvise pas et l'entraînement à ces gestes doit se pratiquer sous la surveillance d'un moniteur qualifié.

Composition d'une trousse de secours

- Des analgésiques afin de soulager la douleur, des antidiarrhéiques, des antibiotiques à large spectre telle la tétracycline, et des antihistaminiques pour lutter contre les allergies et les piqûres d'insectes.
- Au moins une couverture de survie, des ciseaux, un coupe-ongles, un Aspi-venin, du sparadrap étanche, quelques lames de scalpel.
- De la Bétadine pour désinfecter, du Yunnan Baiyao – un produit de médecine chinoise qui existe en poudre ou en comprimés et qui arrête les saignements et accélère la cicatrisation (tous les opérationnels du GIGN en ont dans leur trousse de secours).

Les bases de la légitime défense

Rappelons pour mémoire que le fondement des textes qui encadrent la légitime défense repose sur un article du Code Napoléon de 1810… *« Il n'y a ni crime ni délit lorsque l'homicide, les blessures et les coups étaient commandés par la nécessité actuelle de la légitime défense de soi-même ou d'autrui » (art. 328 de la loi du 17 février 1810).*

Pour que la légitime défense soit effective, les conditions suivantes doivent être reconnues par la justice :

– L'attaque doit être brutale et injustifiée, reconnue sans motif valable. Entendez par là que vous n'êtes pas à l'origine d'une querelle.

– La défense doit se faire pour soi-même ou pour une autre personne.

– La défense doit être immédiate.

– La défense doit être nécessaire à votre protection, elle doit venir en riposte.

– Elle doit être proportionnelle à la gravité de l'attaque.

– Si vous défendez un bien, la défense ne doit pas entraîner la mort d'une personne.

– C'est à celui qui invoque l'état de légitime défense d'en apporter la preuve.

Néanmoins, la légitime défense est supposée existante dans les cas suivants :

– La nuit, dans un lieu habité, une personne repousse une autre, entrée par effraction.

– Une personne lutte contre le vol ou le pillage opéré avec violence.

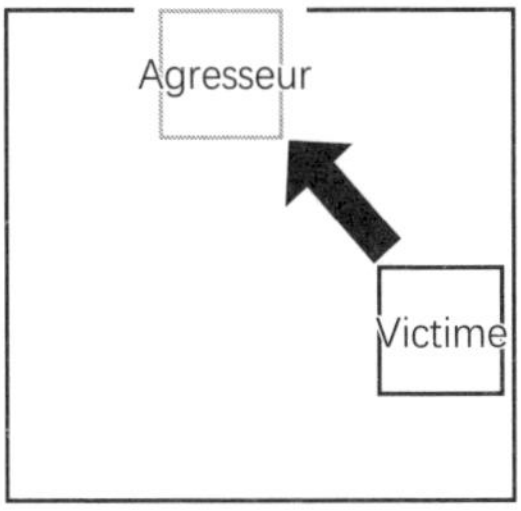

L'agresseur bloque la sortie, vous êtes en état de légitime défense

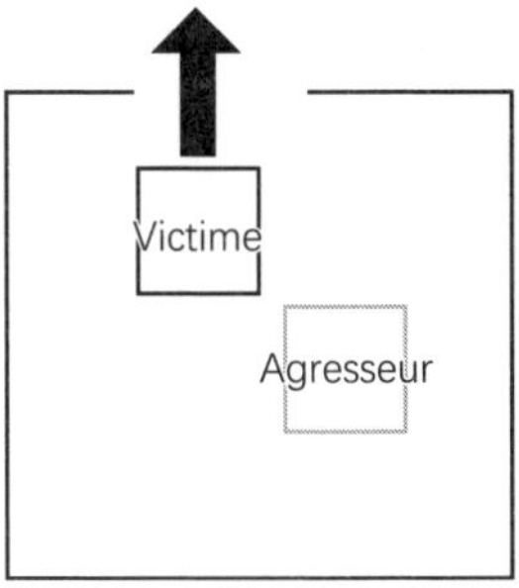

Si vous pouvez fuir, vous n'êtes plus en état de légitime défense

Que dire lors d'une audition ? Les mots clés lorsque l'on s'est défendu contre une agression

Vous avez été agressé et vous vous êtes défendu. Votre agresseur est bien plus mal en point que vous et vous voilà auditionné. Les premières constatations peuvent ne pas être en votre faveur.

- Votre rôle sera de prouver la légitime défense.
- Celui du policier ou du gendarme sera de retranscrire vos propos.
- Le magistrat devra évaluer vos responsabilités.

Entre les faits exacts, votre témoignage, sa retranscription et l'interprétation du juge, il y a un certain nombre de filtres qui peuvent diluer la légitime défense si celle-ci n'est pas exprimée clairement.

Il est donc très important d'en faire ressortir les points clés lors de votre audition. Si vous êtes en état de choc, la loi vous autorise à reporter votre audition.

Mots clés

Exemple : « Je me suis fait **agresser injustement** par un individu violent. **Sans raison,** cet homme m'a mis **une série de coups** de poing au visage. Surpris et dans **l'incapacité de fuir**, je n'ai pas eu d'autre choix que **de riposter aussitôt** pour faire cesser l'agression.

Je lui ai porté **un seul coup** de poing au menton qui a eu pour effet de le mettre KO. »

Ne perdez pas de vue qu'il y a de grandes chances pour que votre agresseur dépose plainte également. Ce sera donc votre parole contre la sienne. Rassemblez un maximum de preuves : caméras, témoins, etc.

Légitime défense ?

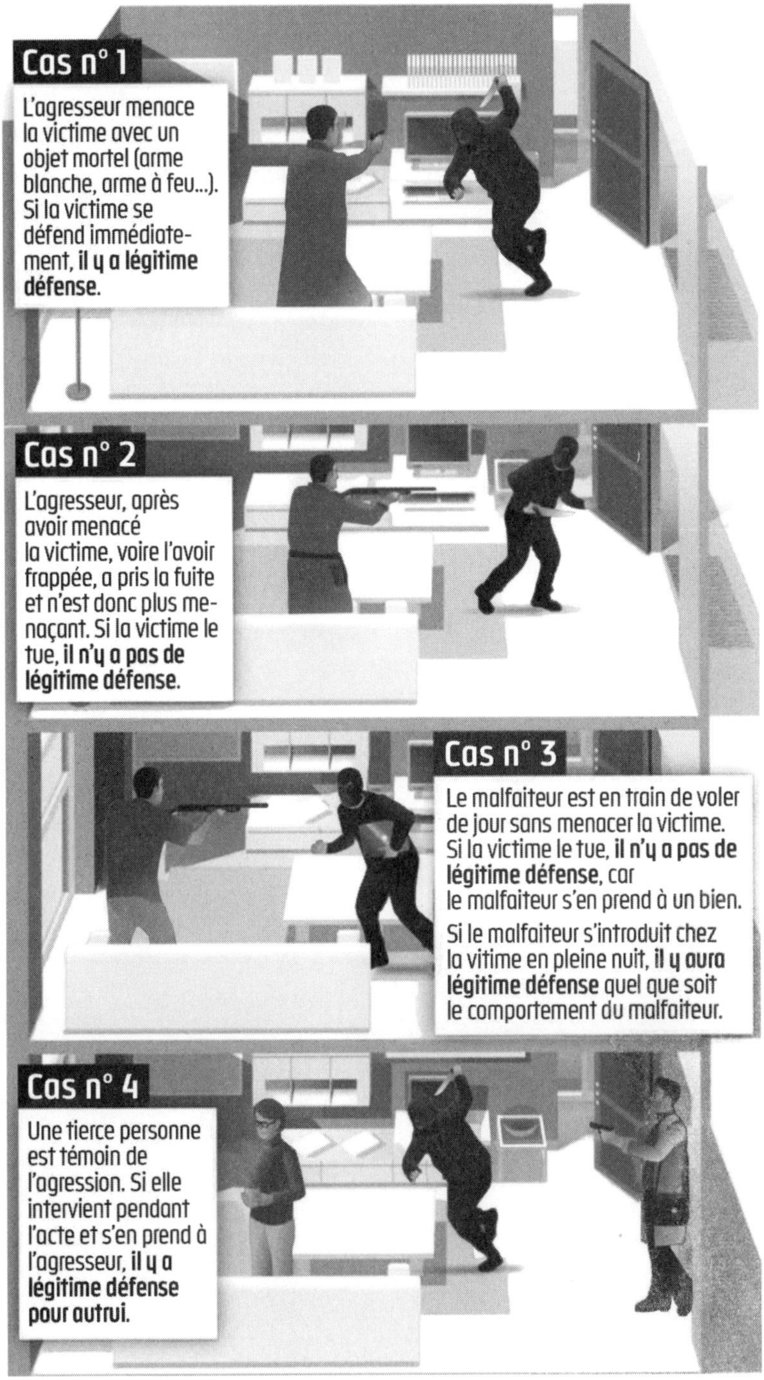

Découvrez votre profil : quel citoyen êtes-vous ?

Vous avez un maximum de « A ».

Vous avez tendance à vous en remettre aux personnes qui vous entourent ainsi qu'aux différents services de secours à la personne. Vous n'êtes pas du genre à anticiper le danger, et s'il vient à vous, vous le fuyez.

Peut-être avez-vous de faibles capacités en matière de secourisme ou de sécurité et vous pensez qu'il est préférable de laisser l'action aux autres.

Vous ne voyez pas l'intérêt de vous y préparer et votre vision est à court terme.

Conseils : Trouvez des partages ludiques qui vous amèneront à acquérir des clés de survie utiles. Tentez l'expérience du boot camp et de la collectivité, découvrez les bienfaits du sport, soyez convaincu que vous pouvez être le garant de votre propre survie ainsi que celle de votre entourage.

Vous avez un maximum de « B ».

Vous portez un intérêt mesuré aux autres en focalisant principalement sur vous et vos proches. Vous ne prenez pas de risques insensés pour porter assistance à des inconnus. Vous faites une totale confiance aux services de secours, pour qui vous avez de la considération.

Vos compétences en matière de survie et de secourisme sont limitées au strict nécessaire. Vous n'avez pas un sens développé de la collectivité, à laquelle vous ne faites que peu confiance.

Conseils : Vous avez une vision lucide des événements, il est donc difficile de vous conseiller car vos réactions n'obéissent qu'à votre propre volonté. Il serait bon de vous impliquer davantage au profit de la collectivité car vous y trouveriez un bénéfice certain. Celui-ci se traduirait par une aide vitale en cas de crise majeure, là où l'aide des proches ne suffit plus. Il vous faut sortir d'un individualisme de confort en vous fixant des défis et en relevant des challenges associatifs.

N'attendez pas d'avoir besoin de la collectivité pour vous ouvrir aux autres !

Vous avez un maximum de « C ».

Vous êtes altruiste, protéger et secourir sont pour vous une seconde nature. Vous êtes impliqué et vous avez le sens de l'engagement. Mais chez certains d'entre vous, l'action précède parfois la réflexion. Ainsi, vous pourriez vous mettre en danger, vous et votre entourage, en prenant une place qui n'est pas la vôtre. Vous êtes lucide sur les menaces et les risques du quotidien bien que vous ayez une fâcheuse tendance à noircir le tableau.

Conseils : Attention à l'excès de confiance. Il peut arriver que vous soyez certain de la théorie, mais maîtrisez-vous la pratique ? Continuez dans votre apprentissage et perfectionnez-vous en éprouvant vos savoir-faire lors de voyages et de challenges difficiles, type boot camp. Tentez de prendre le lead et de partager votre passion de la collectivité sans oublier que tous ne sont pas comme vous. Fédérez vos proches en les sensibilisant aux risques au moyen d'actions ludiques afin de ne pas les décourager, voire de les dégoûter.

Les boot camps sont cités abondamment, car c'est un moyen d'acquérir des compétences individuelles et collectives dans un environnement sécurisé. Le but d'un boot camp est de réussir collectivement un objectif. Pour y parvenir, chacun met ses compétences au service du collectif. La complémentarité s'exerce sans esprit de compétition au sein du groupe.

Statistiques sur la délinquance

Crimes et délits	2022	Variation (2021)
Violences sexuelles	84 500	+ 11 %
Violences physiques	353 600	+ 15 %
Homicides	948	+ 8 %
Cambriolages	211 800	+11 %
Vols de véhicules	133 800	+ 9 %
Vols avec armes	8 600	+ 2 %

Source : Service statistique ministériel de la sécurité intérieure (SSMSI), 8 février 2023.

Numéros d'urgence H24 et 7/7 jours

15	SAMU	3117	Signaler une situation suspecte dans les transports publics
17	Police secours	3919	Numéro d'urgence pour les femmes victimes de violences
18	Pompiers	119	Pour signaler un enfant en danger
112	Numéro d'urgence européen	115	SAMU social
114	Numéro d'urgence pour les sourds et malentendants	116 000	Numéro d'urgence en cas de disparition d'enfant

Conclusion

Ne croyez pas qu'en fermant ce livre vous en ayez fini avec lui. Laissez-le reposer, puis au hasard des pages, reprenez quelques chapitres. Posez-vous cette question : ai-je pris, depuis ma première lecture, quelques précautions contre ce que l'humanité a de pire, la violence ?

Notre seule ambition est de vous aider à vous préparer à l'impensable. Vous avez compris qu'idéalement, votre bon sens allié à votre capacité d'anticipation doit vous permettre de *ne pas vous trouver au mauvais endroit au mauvais moment.* Mais si un jour il arrive que vous soyez face à une situation à risques, rappelez-vous les clés contenues dans cet ouvrage.

En vous préparant mentalement et physiquement, vous vous sentirez prêt à affronter la plupart des menaces. Vivre dans la peur, la crainte, c'est tourner le dos à ce que la vie a de meilleur à nous offrir.

L'une des plus grandes violences humaines est l'indifférence envers les autres. Notre survie dépendra de notre capacité à nous unir.

Prenez soin de vous et de vos proches !

Remerciements

Merci à Anna Pavlowitch et à Alexandre Wickham ainsi qu'à toute l'équipe d'Albin Michel pour l'aide apportée à la réalisation de cet ouvrage.

Retrouvez toute l'actualité des éditions Albin Michel
sur notre site albin-michel.fr
et suivez-nous sur les réseaux sociaux !
Instagram : editionsalbinmichel
Facebook : Éditions Albin Michel
Twitter : AlbinMichel

Composition : Nord Compo
Impression : Normandie Roto Impression s.a.s.
Éditions Albin Michel
22, rue Huyghens, 75014 Paris
www.albin-michel.fr
ISBN : 978-2-226-48346-1
N° d'édition : 25431/01
Dépôt légal : octobre 2023
N° d'impression : 2302472
Imprimé en France